JN410305

Novalis Gedichte

노발리스 시선

〈지식을만드는지식 고전선집〉은
인류의 유산으로 남을 만한 작품만을 선정합니다.
읽을 수 없는 고전이 없도록 세상의 모든 고전을 출판합니다.
오랜 시간 그 작품을 연구한 전문가가
정확한 번역, 전문적인 해설, 풍부한 작가 소개, 친절한 주석을
제공합니다.

Novalis Gedichte

노발리스 시선

노발리스(Novalis) 지음

이용준 옮김

大

대한민국, 서울, 지식을만드는지식, 2025

편집자 일러두기

- 이 책은 아래의 《노발리스 전집》 1권을 원전으로 삼아 번역했습니다.

  Novalis: Schriften. Die Werke Friedrich von Hardenberg, hrsg. v. Paul Kluckhohn und Richard Samuel, Dritte, nach den Handschriften ergänzte, erweiterte und verbesserte Auflage in vier Bänden und einem Begleitband, Stuttgart.

  Bd. 1: Das dichterische Werke, hrsg. v. Paul Kluckhohn u. Richard Samuel unter Mitarbeit von Heinz Ritter u. Gerhard Schulz, 1977
- 시행의 모양은 원전을 따랐습니다. 다만 시의 한 행이 길어 한 줄을 넘어갈 경우에는 내어쓰기로 표시했습니다.
- 고딕체는 원전의 이탤릭체를 표시한 것입니다.
- 주석은 독자의 이해를 돕기 위해 모두 옮긴이가 붙인 것입니다. 번역 저본의 편집자 파울 클루크혼과 리하르트 사무엘의 주석을 일부 참고해 작성했습니다.
- 한 편의 시나 중단편소설, 논문, 책 속의 한 장(章) 등 짧은 글은 〈 〉로 표시하고 한 권의 시집이나 장편소설, 단행본, 잡지 등은 《 》로 표시했습니다. 제목을 특별한 강조하여 언급할 때에는 ' '를 사용했습니다.
- 한, 두, 세 등으로 읽히는 숫자는 스물까지는 한글로 적고 그 이상은 아라비아 숫자로 적되, 만 이상의 단위는 한글로 적었습니다. 단, 관용적인 표현은 한글로 적고, 시간, 날짜 등은 모두 아라비아 숫자로 적었습니다.
- 외래어 표기는 현행 한글 어문 규범의 외래어 표기법을 따랐습니다.

차 례

1부
시기별 시 모음집 Vermischte Gedichte

바이센펠스(1794 여름)

텐슈테트-그뤼닝겐(1795~1797)

프라이베르크(1798~1799)

마지막 시들(1799~1800)

2부

밤의 찬가 Hymnen an die Nacht

3부

성가 Die geistliche Lieder

노발리스(Novalis, 1772~1801)

독일 낭만주의 문학을 대표하는 노발리스.
그의 시는 사후, 프랑스 상징주의에 영향을 주어
현대 시의 기반을 형성했다.
노발리스 시는 현대 시 이해의 열쇠다.

1부
시기별 시 모음집
Vermischte Gedichte

바이센펠스(1794 여름) 1

나를 잊지 마세요!

VERGISS MEIN NICHT!

나를 잊지 마세요! 매혹적인 서늘한 대지가 그대를 위해
부드럽게 뛴 적이 있는 이 심장을 덮고 있으니
내가 약해 빠지고, 어쩌면 결점투성이였을 때보다,
심장은 그곳에서 더 충분하게 사랑할 거라고 여기세요.

그러고 나서 내 자유로운 정신이 종종 축하하면서 그대 주변을 돌며,
그대의 정신에 위로와 달콤한 예감을 주리니
당신의 영혼 속에서 부드럽게 말을 거는 이 있으면, 그게 나라고 생각하세요.
나를 잊지 마세요! 나를 잊지 마세요!

바이센펠스(1794 여름) 2

사랑하는 여자 친구가 돌아온 것을 기념하며 부른 노래

BEY DER WIEDERKUNFT EINER GELIEBTEN FREUNDIN, GESUNGEN

여자 친구가 다시 내게 돌아온 날
즐거운 노래로 환영하오.
곧 나는 다시 당신을 안을 수 있고,
내 영혼이 당신을 얼마나 사랑하는지 말해 줄 수 있다오.
*
이제 순간들이 내게서 나와 그대의 팔에 안겼네,
폭풍우 치듯 재빠르게 서둘러서.
왜냐하면 그대 앞에서 모든 원망이 사라지고
또 모든 걱정이 먼지로 부서지기 때문이지.
*
그대 옆에 여자 친구를 꼭 붙들어 두시길.
모든 힘든 걱정거리가 내게서 가벼워지리.
모든 사랑의 기쁨이 달콤하고

운명의 손이 그대를 통해 내게 전해지리니.

바이센펠스(1794 여름) 3

왈츠[1]

WALZER

굽이진 삶의 오솔길들을 따라 돌았소.
　멈추지 마오, 나 오랫동안 그대에게 요청했고 그것은 아직도 유효하니.
그 소녀들을 뛰는 가슴에 꼭 안으시오.[2]
　그대들은 젊음과 익살이 얼마나 빨리 물 흐르듯 지나가는지를 알고 있잖소.

*

꾸지람과 질투는 우리에게서 멀리 떨어져 있게 하오.
　그 순간들은 결코 기우(杞憂)로 더럽혀지지 않으리.
사랑의 수호신[3]을 오직 경건하게 신뢰하시오.

---

1) 교양층에서 유행하던 새로운 춤을 문학적으로 가공한 시다.

2) 이러한 특징은 당시 이 춤의 부도덕성에 대한 논쟁을 불러일으켰다.

모든 사람은 분명 각자 한 명의 신부일지라.

---

3) 조피의 상이 새겨진 노발리스의 반지에 "조피는 나의 수호신"이라고 새겨져 있었다.

텐슈테트-그뤼닝겐(1795~1797) 4

아돌프 셀름니츠[4]에게

AN ADOLPH SELMNIZ

어울리는 것은 잘 마무리되어야 하리,
이해되는 것은 분명해지리,
훌륭한 것은 결합되리,
사랑하는 것은 함께하리,
방해하는 것은 사라져야 하리,
구부러진 것은 바로 펴져야 하리,
멀리 있는 것은 가까이 다가가리,
싹트는 것은 번성해야 하리.

기분 좋게 내게 손을 내밀어
내 형제가 되어

---

4) 노발리스는 당시 25세였던 아돌프 셀름니츠 소위와 로켄티엔 가문을 통해 알고 지냈다.

시선을 그대의 죽음 앞에서 돌리고
다시는 내게서 멀리 떨어지지 말아요.
우리가 무릎 꿇은—하나의 사원
우리가 그리로 다가갈—하나의 장소
우리가 그것을 위해 작별할—하나의 행운
나와 그대에게—하나의 하늘.

텐슈테트-그뤼닝겐(1795~1797) 5

시작

ANFANG

이게 황홀함일 리는 없지. 혹은 내가 이 별에
태어나지 않았을 텐데. 개략적으로 그러하겠지.
이 광포한 세상에서 너무 가까이
그 자성(磁性)의 영역에 다가갔는지도 모르지.

실제로 황홀함은 그저 도덕적 우아함[5]의
완성된 의식이란 말인가? 인류에 대한 믿음은
즐거운 순간의 장난감일 뿐인가?
이게 황홀함이라면, 도대체 삶은 무엇이란 말인가?

내가 영원히 분리되어 있어야만 한다고? 그것은 미래의

---

5) 바쿠스적인 자유분방함과는 대조되는 도덕적이고 순결한 우아함을 가리킨다.

통일의 예감, 그것은 우리가 이미
  인식했던 것의 예감.
그러나 아직 완전히 소유할 수는 없었으리라—

이것 역시 황홀함인가? 냉정과 진실이라고 해 봤자,
그건 그저 덩어리, 소리일 뿐, 말하자면 점토,
  황폐함의, 공허함의 감정일 뿐
그리하여 매몰찬 체념의 감정일 뿐이리.

다시 살고자 하는 노력에 대해
무엇으로 보답을 받을 것이며, 스스로와 틀어지고
  그리하여 자신이 먼지 깊숙이 처박혀 있는 것을
웃으면서 보고— 그건 운명을 일컫는 것이리.

무엇이 현자로 하여금 삶의 계곡을 지나도록 했던가,
고귀한 존재로 상승하는 횃불로서—
  그는 여기서 오직 인내하며 쌓아 가고,
누워 영원히 죽어 있어야 하리.

그대는 황홀함이 아니리— 그대는 수호신의 목소리[6)]

그대는 우리를 불멸로 만드는 것의 직관이리
그리고 그대는 이제 하나하나 비로소 인식될 뿐인
저 가치의 의식이리.

이제 조피가 내게 말했던 인류가 존재하게 될 것인바
도덕적 우아함으로 완성되었지 —
그러고 나서 그녀의 더 고귀한 의식[7]은
와인 향기와 더 이상 혼동되지 않으리.

---

6) 조피를 가리킨다.

7) 초월적 세계의 의식으로서, 조피에게서 완성되는 도덕적 우아함의 성취로서 더 높은 단계를 의미한다.

텐슈테트-그뤼닝겐(1795~1797) 6

토요일 저녁에

AM SONNENABEND ABEND

나는 아직도 그런 사람이오.
경솔의 신[8]에게 어제 아침 찬가를 불러 주었던 사람,
그리고 모든 진귀함과 걱정 위로
기쁨의 가벼운 채찍을 휘둘렀던 사람—
모든 초대에 응할 때는
두 손으로 마음을 날렸던 그 사람,
그리고 젊은 피처럼 무모하게
모든 모험을 시도했던 그 사람이라오.

어렸을 때 오랫동안 사랑의 사상누각을
포기했던 사람이오.

8) 바보짓과 경솔함을 가리킨다.

부(副)를 향해 헤쳐 나가는 가운데
카드놀이 할 때처럼 행운을 차지했던 사람,
새로운 요소의 싸움[9] 속에서
정신 속에서는 벌써 승리자가 노래를 부르네, 잘 지내[10]라고.
그리고 벌써 국민의회[11]에서는 창조물을,
그리고 신을 좌장으로 보았던 사람이라오.

어떤 베를린 사람[12]보다 더 현명하게
소녀들 속에서 예수회 수도자를 감지했던 사람이오.
그리고 신부 아담의 아내를 더 대담하게
진실한 창립자로서 고발했던 사람,

---

9) 프랑스 혁명을 암시한다.

10) 원문은 불어로 'ça va'라고 쓰여 있다.

11) 프랑스 혁명 당시 국민의회를 말한다. 1792년에서 1795년 말까지 통치했다.

12) 베를린의 예수회 사람들, 특히 프리드리히 니콜라이를 통한 예수회 사람들에 대한 암시다.

그의 방에 오랫동안 잊혔던
미신의 상을 걸어 놓았던 사람,
그리고 그저 조롱 삼아 1만 1000명 순결한 처녀[13]의
미사에 갔던 사람이오.

그가 오늘 조끼 위로 꽉 죄게 단추를 잠근 이와
같은 사람일 수는 없으리.
그리고 침묵하면서 동쪽으로 갔다가
매우 부지런하게 그곳으로부터 한숨 돌린 사람과도.
14년[14] 동안 그토록 매혹되었고
(거의 7주 동안 꽉 차게)
그리고 매 순간 다른 것이 되고자 하고,
다른 것이 되어야만 하는 사람과도.

---

13) 잉글랜드 공주인 우르술라의 전설과 관련된다. 그녀는 로마로 성지 순례를 갔다가 돌아오는 길에 호위 시종인 1만 1000명의 처녀들과 함께 훈족에게 맞아 죽었다.

14) 조피의 실제 나이다. 당시 열네 살 7주는 결혼하기에 부족함이 없는 나이로 여겨졌다.

그는 순식간에 일곱 명의 현인을
능가했던 사람이오.
아주 놀랍도록 잠 속에서
이미 지름길을 알아차린 사람,
그리고 더 이상 엄격한 지혜의 꿈이
몰래 기어가는 것을 채 보지 못했던 사람,
희망에 가득 찬 배아로부터
그 사람을 위해 벌써 한 송이 장미꽃이 피고 있건만.

오! 어제의 그 사람은 가 버렸고,
그의 비행이 도대체 나와 무슨 상관이 있는지 –
동료처럼 지내는 자매들은
좋은 시간을 가졌고,
그렇게 해서 그들은 항상 서로를 잘 인식하고 있고
그리고 항상 기쁘게 함께 있고,
내가 하나의 단어를 해결책으로 부르겠는데 –
조피가 그 열쇠가 될 수 있으려니.

텐슈테트-그뤼닝겐(1795~1797) 7

카롤리네 유스트[15]에게

AN CAROLINEN [JUST]

토요일 저녁에 우리는 함께 지냈지

그녀의 참석이 예상되는 가운데
내가 내 약점의 산증인과 함께
자유롭고 안전하게 약점들에 대해 논평해도 좋을지요?
내가 사랑스럽고 달콤한 말들을 신뢰하고
그리고 확실하게 나의 믿음에 의지해도 될는지요?
이러한 고백[16]이 나를 후회하게 하지 않을지요?

---

15) 카롤리네 유스트는 군청 관리 직원인 유스트의 조카인데, 1790년부터 가사를 맡아 왔다. 노발리스의 동생인 에라스무스가 1794년 11월 28일자 편지에서 노발리스와 카롤리네의 우정을 경멸적으로 말하고, 그녀에 대해 "당신의 세 번째 사랑으로 장려한다"라고 말했다.

16) 이 단어는 1연 전체처럼, 에라스무스의 의심에 대한 확신의 시도처럼 울린다.

기꺼이 고백하오만 나는 종종 기만당했는데,
만일 아침의 말에 사로잡히면,
엄청난 성공을 이룰 수 있었던 것으로 보여요.
그렇게 되면 별에서 벗어나 결국은 내게
경쾌한 마음을 내 손에
되돌려 보내는 힘겨운 일을 겨우 해낼 수 있으리라.

그러나 그것이 나의 희망을 시들게 해서는 안 되리 –
결코 봉인되지 않았던 이마,
하늘에서 더 쉽게 구름이 걷히리라.
낙관은 운명의 변덕을 매료하리 –
그리고 그대 눈썹의 움직임 속에서
간계보다는 영리한 충고를 읽으리라.

텐슈테트-그뤼닝겐(1795~1797) 8

M과 S

M. UND S.

작가의 신부와 그녀의 약혼한 자매

프라우 폰 만델슬로[17]와 조피

다행히도 그녀는 조형적인 어머니의 손을 맞잡았지.
우리는 한 사람에게서 자각한 것을 다른 사람에게 즐겨 말하네.

그대가 그 둘을 보면, 해답 옆에서 수수께끼를 보는 것이리,
각자는 하나하나 그 자체로 수수께끼이며 동시에 해답이네.

---

17) 조피 폰 퀸의 언니다.

그대여 사랑스러운 어머니를 기꺼이 싹이 트는 소녀로 봐 주실 수 있겠지요?

혹은 작은 봉우리가 만개하는가? 그 사랑스러운 것을 여기서 보라.

텐슈테트-그뤼닝겐(1795~1797) 9

조피의 생일에 부쳐

ZU SOPHIENS GEBURTSTAG

1795년 3월 17일

상냥한 아내를 얻은 사람은
환희로 답하라.
이런 운이 내게 찾아오면
환희의 음조— 그건 바로 나의 것이리.
가슴이 이토록
이렇게 높이 충분히 뛴 적이 없었지.
이후로는 가장 행복한 사람조차
나의 나날들에게 인사하네.

이제 영원의 고리가
가슴의 결속을 단단하게 껴안네.
그리하여 단결의 제단 위에서
고통의 지팡이가 부서지네.

오－! 우리들 가슴의 달콤한 결속이
천상에서 맺어지리.
더 멋진 주문이 운명의 지혜로운 입에서
일찍이 흘러나온 적 있었던가?

이제 내가 가지고 있는 것,
내가 생각하고 느끼는 것, 나는 당신에게 속하리.
그리고 그대는 내 운명의 모든 선물을
그대를 위해 받아들이지.
내가 추구했던 것을, 나는 발견했지.
내가 발견한 것, 그것이 또한 나를 발견했지.
그리고 내 시간의 채찍이
회의벽과 경솔함을 부드러워지게 했네.

내 입은 결코 그대를 찬양하지 못할진대
내 가슴이 너무 진심으로 그대를 추앙하기 때문이지.
아늑하게 가슴 깊이 파고든 채
내 안에 내밀하게 그대의 가치가 살게 하라.
좋은 일에 게으름 떨지 않도록 하고
그러고 나서 이 칭찬을 받아들이시오.

내가 상처 난 가슴을 치유하면
매 순간 나는 좋아진다네.

우리의 지상의 사랑이 천상의 쾌락 속에서
이미 변용되니,
사랑스러운 소녀여 나는 그대의 사랑에
경의와 가치로 답하고자 하오.
그대가 없다면 나는 오랫동안
쉼 없이 이리저리 떠돌았을 것을.
그리고 내 인생행로에서
종종 권태의 병에 시달렸으리라.

어머니[18]만 다시 건강하고
한가하게 우리 곁에 있고
우리 형제들[19] 사이에

---

18) 조피의 어머니다. 어머니는 당시 임신해서 막내아들을 낳았다.

19) 카를 폰 하르덴베르크와 게오르게 폰 퀸이다. 카를은 노발리스의 동생이고, 게오르게 폰 퀸은 조피와 남매 사이로, 당시 둘 다 공무원이었다.

백기(白旗)[20]가 자랑스럽게 나부끼네.
그러고 나서 사랑스러운 남자가
우리의 롤리를 꼭 껴안았지 —
오 — ! 그러자 우리의 환희의 송가가
열 배나 더 크게 울리네.

희망 어린 세월은 평온하게
확고하게 목적지에 도달하고
그곳 행복한 제단 위에서
우리의 소망 놀이는 끝을 맞이하네.
삶의 슬픔이 영원히 하나인 우리들에게서
작은 구름처럼 사라지네.
우리들의 가슴 주변에
화환들이 늘 푸르게 휘감기네.

20) 평화의 기, 강화기다. 프로이센은 바젤에서 프랑스공화국과 협상했다. 작센은 1795년 4월 5일에 체결된 평화 협정에 참여하지 않았다.

텐슈테트-그뤼닝겐(1795~1797) 10

펀치를 마시며 부르는 노래

LIED BEYM PUNCH

이별의 저녁에

감격적인 감정의
순간이 우리들의 가장 따뜻한
감사의 가치가 아니고
또 우리의 목적에 합당하지 않다고?
인류의 수호신은
즐거운 공동체 안에 있고
풍성한 접시에서
가장 고귀한 만족감을 주조해 낸다.

*

오래된 유년의 불꽃이
그들 노인에게서 타오른다.
여기서 그 사람은
행위를 위한 감격과 용기를 이끌어 낸다.

젊은이의 가슴이 높게 뛰니
모두의 가슴은 감동을 받는다.
그리고 모든 가슴은 사랑에 가득 차서
형제자매들을 가슴에 껴안는다.
*
그러한 축제만이
삶의 거친 길을 장식해 준다.
오직 가슴의 충만함만이
행복의 경쾌한 바퀴를 억제한다.
기쁨의 눈물이 반짝이는 곳에서
가슴이 여러 가슴에게 말을 거는 곳에서
모든 것은 공감각을 느끼며
그때만이 그것은 굴러떨어지지 않는다.
*
오! 노래들 속에서
당신에 대한 회상이 내밀하게 울리고,
오랜 시간이 지난 후에
후대의 공감을 깨운다.
우리는 오래된 기쁨의 모든 흔적을
기뻐한다.

후일 우리의 손자가
우리의 즐거운 시간을 기뻐하리.
*
아직도 하나 될 우리를 바라보는
이러한 저녁에는 그냥 내버려두시라.
그러한 짧은 시간은
우리에게 곧 다시 피어나지 않을 테니까.
우리들의 사랑에
작은 장미꽃잎들이 뿌려진다.
그리고 이 노래는 장엄하게 봉헌되었다,
우리의 마음의 소원에.
*
자식들밖에는 알지 못하는
아버지와 어머니[21]에게
삶의 언저리에 이르기까지
백기가 나부낀다.

---

21) 조피의 아버지와 어머니, 하웁트만 루돌프 폰 로켄티엔과 그의 아내 조피 빌헬미네다.

그리고 우리가 민헨[22]의 가슴속에 있는
조용한 소원을 이해하면—
그러면 그녀가 자유의 공기를
자신의 화덕 주변에 불게 하리.
*

오직 행복의 지속만이
사랑의 가치 있는 쌍을 이루는 두 사람,
프리츠와 프리츠헨[23]에게
소망의 잔을 가져다주리라.
릴리[24]는 될 수 있는 대로 빨리
그녀의 가정일의 재능을 입증하고
그러노라면 우리 모두 노래를 부르리.
끌자, 사랑하는 백마를 끌자.[25]
*

22) 조피의 의붓자매다.

23) 프리드리히 폰 만델슬로와 그의 아내 프리데리케다.

24) 카롤리네 폰 퀸과 조피의 또 다른 의붓자매다.

25) 〈마부의 노래〉의 시작 부분이다.

어여쁜 조피[26]야, 곧 네 슬리퍼를
인생의 복권에서 우승한
남자에게 떨어뜨리렴.
이 퀸트헨이 이겼구나.
한번은 우리의 단스쿠르[27]가
산유폰[28]으로서 클럽[29]으로 갈 건데.
그러니 벨체부브여 가능한 한 빨리
한헨[30]의 작은 화환을 가져오시게.
*
손님[31]이 무얼 하는 사람이든 함께 살아가야 하리!

---

26) 원문에는 'Söffchen'으로 되어 있다. 조피 폰 퀸의 애칭이다.

27) 로켄티엔의 여자 가정교사인 야네테를 일컫는다.

28) 'Sansjüpon-Sansjupon'의 줄임말로, 상퀼로트(Sansculotte)를 일컫는다. 프랑스 혁명 때 하층 계급의 과격 공화당원으로 짧은 바지인 퀼로트를 벗고 긴 바지를 입었다.

29) 자코뱅당 클럽. 자코뱅과 국민의회의 지배는 1795년 10월말에 끝나고, 집정 내각에 자리를 내준다.

30) 당시 열두 살의 소녀였다.

31) 세 명의 손님들이다.

꽉 붙드시게나.
그리고 우리와 함께 영원히 방랑하라.
그리고 우리에게 호의를 가지시라.
저기 라인강 형제[32]에게
가깝거나 멀리 있는 사랑하는 사람에게
이 잔을 모든 소원의
증표로서 축성하라.
*
그 방은 사원이 될 것이다.
펀치를 마시는 탁자는 제단이 되리.
사랑의 정신이 이제
제물들을 바친다.
그대들은 이제 그대들의 시선을
사원의 계단 아래로 내리깔고
그리고 이러한 시선이 그대들에게 주는
기분을 꽉 움켜쥔다.

32) 게오르게 폰 퀸, 당시 장교로 근무했다.

*

그대들은 인간의 운명의
소용돌이를 둘러본다.
그리고 이러한 수수께끼의 의미에 대해
탐구하고 묻지만 헛된 일이다.
앞으로 이것은 쉽게 풀릴 수도 있겠지만
열쇠[33]는 오래전에 그곳에 있었다.
사랑과 소박함이 인간에게
항상 가깝게 있지 않았더냐?

*

그대들 역시 이러한 시간의 시작을
즐겁게 행할 수 있다.
자연에 따라 작용하고
그리고 하나의 가치를 갖고 활동한다.
모두는 인간의 권리[34]와 번영을 위해

---

33) 이 단어는 노발리스의 장편소설 《푸른 꽃》 2부에서도 중요한 단어로 등장한다.

34) 프랑스 혁명에 대한 긍정적인 암시다.

선하고 활동적이며,
그리고 각자의 위치에서
마땅히 할 일을 이루도록 해야 하리.
*
달콤한 성숙 속에서
인간은 멋지게 아름다워지리.
기나긴 선잠에서 깨어나,
더 나은 영역으로 건너가리.
그의 행위가 심장 속에서
빛나는 자, 보답을 받을지니 –
그는 꽃무리가 피어나는
정원을 바라본 적이 있느니.

텐슈테트-그뤼닝겐(1795~1797) 11

카롤리네 유스트에게 보내는 대답

ANTWORT AN CAROLINEN [JUST]

내 영혼이 숙고하다 지치면,
나는 내게 없어 절망적으로 아쉬워하는 위안을 종종 찾노라.
그러면 이 좁은 곳에서
어떤 예쁜 천사조차도 내 영혼을 앗아 가지 못하리.
오! 다른 사람들에게 생기를 불어넣어 주는 이러한 위안을
내게 대체물로 제공하는 것은 무의미한 일이 아니리.
다른 사람을 더 믿고, 다른 사람을 더 선택하면
새로운 심기를 낯선 가슴에 불러일으키기 마련이지.

다른 사람들을 위해 오래전부터 다시 울리고 있던 그 모든 노래가
그대의 가슴에 파고들어 온 것이니 그것을 단념하지 마라—

그대는 기뻐하고 고통스러워하게끔 되어 있으나
그것들을 느끼지 못하는 이도 있기 마련이니, 그에게는 축하연에서
어떤 더 나은 수호신도 축성의 노래를 불러 주지 못한다네.
당신에게 부여된, 참고 견디는 인내가 중요한바, 그것에 대해
미리 앞서 운명에게 따뜻한 감사를 표하라.
오랜 전투가 끝나고 평화에 유쾌하게 다가가네.

운명의 총아를 키우는 일은 오래 걸리고 고달프지.
그것은 종종 연약한 가슴을 무너뜨리지. 마지막 순간에
달콤한 위안을 입에 올려서 식은땀을
달콤한 삶의 이슬로 변형시키면, 그대도 행복하리—
그러나 시험의 위험 속에서 그것을 견뎌 내는 사람은
확신이 아주 불안한 질풍 속에서 비켜 가지 않는 사람에게는—
여전히 희망에 찬 세월이 지나면서
어렵게 습득한 가치에 도달하고, 또 포옹하며 목표에

이르리.

우리는 수천 가지 것들로부터 우리를 발견했네—
우리는 하나의 길을 따라 걷지만, 우리를 인도하는 별 하나 있네—
그대는 그 암시를 알아차리지 못하지만, 나는 탐지하고
그것은 나의 것이 되고 있는데, 그대는 아직 눈을 감고 있구나.
나 역시 그것을 보지 못하고, 인내만이! 그 붕대를 벗겨주리—
그럼에도 불구하고 우정이 그대를 이 세상과 화해시키리—
인내하는 당신의 가슴, 그만큼 깊은 특징을 이룰지니—
사랑이 그 넥타 단지와 함께 당신에게 다가가리.

앞으로는 이런 시선은 어떨까 하네— 더 이상 체념과
겁먹은 희망이 우리 가슴속에 머물지 않도록 하세.
사랑과 운명이 우리에게 많은 희생을 요구하면
그러면 이제 우리들 뒤에서 젊음의 거친 바다가 솨솨거릴 테지.

앞으로는 그녀의 삶의 정오에 식탁이 풍부할 때면
행복한 이중 쌍이 하나가 되어 자리를 차지하리—
그러고 나면 우리는 다시 오전을—또 지금을—떠올리며 말하겠지.
"누가 그런 걸 꿈이라도 꿨으려나? 가슴이 헛되이 신음한 건 아니겠지?"

텐슈테트-그뤼닝겐(1795~1797) 12

그뤼닝거의 교회 명부에서

IM GRÜNINGER KIRCHENBUCH

1797년 3월 19일

그럼 이제, 그대 달콤한 봄의 꽃이여 피어나라,
신께서 그대를 더 나은 삶 속에 이식했으니.
그분의 영원한 사랑 속에 성전이 있고
그곳에서 그대는 우리에게 탁하지 않은 채, 천국의 환희가 되는구나!

텐슈테트-그뤼닝겐(1795~1797) 13

시

GEDICHT

1797년 4월 29일
정원을 판매하는 날에

이 세쿨로에서 79년에
그의 종족에서 유일한 한 변호사가 죽었는데,
그는 실제로는 특이한 유형의 한 마리 불사조로서 꽤 숙련되어 있었고,
정직과 지혜가 잘 결합되어 있었지.
그는 미망인에게 많은 돈을 남겨 주지 못했고,
그 때문에 그녀는 곧 나무들로 잘 채워진 1에이커 크기의,
빨간색 문과 커다란 자물쇠로
잘 보존된 정원을 팔려고 했지.
군청 여직원이 군청 남자 직원에게
그 정원을 사라고 간청했지—그녀는 부드럽게 이렇게

말했지.
“여보, 젠장! 모든 사람이 다 이곳에 정원 텃밭을 가지고 있는데,
우리는– 우리는 무엇을 가지고 있지? 우리는 땅패기를 갖고 있지–
그런 걸 견디기가 어려워, 나는 어디서 커피를 마시라고?
그리고 그 방은 여름에는 내게 악취를 풍길 게 틀림없잖아?”
남편은 단체의 브로커를 불러 지시하고
계약서와 계약금을 주었지.
경매는 기한이 오래 걸려 항상 사람을 기다리게 하는데,
그동안에 우리는 뭔가 바뀔 게 있는지 기대하며 결정을 기다렸지.
정원은 조사를 받고 찬탄과 칭찬을 받았지.
그러고 나서 조바심을 내는 가운데 예의 여자들 방식대로 들썩들썩했지.
나는 4월 29일을 결코 잊지 못하지.
아폴로여, 그 전에 내게 현의 조절기를 건네주시게나!

이른 아침에 이발사가 그 남자 직원의 수염에 비누칠을 했는데
그때 정원 매매에 대해서도 똑같은 방식으로 언급되었지.
"그 미망인이 어디서 더 나은 지급인을 만날 수 있을까.
내 최후통첩은 260탈러야."
그 이발 신사는 이것을 명심했지.
그리고 다음 면도 때 다시 그것에 대해 설명했지.
"그 정도면 충분하잖아." 주발 머리를 한
그 주발 신사는 환희에 차서 소리치고,
면도는 반밖에 끝나지 않았는데 벌떡 일어나, 단추를 채우고
빠른 걸음으로 서둘러 미망인에게 달려서 다가가,
그 판매자를 주시하고 계약을 체결했지 –
다들 더 즐거운 희망으로 충족되질 못했지,
카이사르가 파르살루스 대전투에서 승리했을 때보다,
또 우리의 라헬이 막 열쇠를 찾아내어,
막 부드러운 논쟁 뒤에 열쇠를 받아들었을 때보다.
그녀는 크게 축하를 받았고, 수많은 프로젝트가 식탁에 올려져

모든 사람들에 의해 이러쿵저러쿵 논의되었지 —
그녀는 오로지 뭔가 바뀔 게 있는지, 또 작은 오두막에 대해서만 귀를 열었지.
그러나 그는 마치 귀가 멀었다는 듯이 매우 차갑게 앉아 있었지.
우리는 먼저 커피를 마셨고, 내 자랑은 아니지만, 나는
많이 또 예쁘게 새로운 재산에 대해서 말했지.
그러고 나서 우리는 밖으로 나갔는데, 부드러운 바람이 불었지 —
앞서서 판타지가 토비아스의 작은 개처럼 나부꼈지.
우리는 도달했지. 그가 모자와 열쇠를 그녀에게 건넸지.
각자 모자를 쥐고 문은 굉음을 냈지.
벌어져 있는 아담의 입 앞에 천국이 그렇게 놓여 있었고,
정원이 취한 눈들에 모습을 드러냈는데,
너무 예민한 뮤즈는 이 순간에 대해서 침묵했지.
여기서는 눈을 감는 게 더 좋을 수도 있지.
그는 바닷가의 모래와 베레니케의 머리칼[35]을 셌지.
그는 여기서 그 프로젝트가 낳은 도취를 알고 있었지.

잠시 후 마침내 우리는 이런저런 몸짓을 해 보고 대화를 나눈 뒤,
우리의 부모들처럼 이 에덴동산을 떠났지.
이제 우리는 여기저기 둘러보고, 모든 울타리 너머를 바라보았지.
그리고 우리는 공중에 더 많은 작은 성들을 세워야 했지－
그대, 텐슈테트가 그대에게 행운이 되기를－제라피네[36]의 명령을 받고 온
여성 시민들과 더불어 그대에게 행운이 닥칠 것이니!
그대 라헬이여 환영하오, 휴식을 취하시라. 곧이어
사슴 들판의 달력 속 한 장이 그대에게 축성되리라.

그러나 그대 사랑스러운 한 쌍에게는! 모자와 방울 없

---

35) 베레니케는 이집트의 왕비다. 그녀는 아프로디테에게 남편의 승리를 위해 두발을 주었다.

36) 스웨덴의 세라핌 왕립 기사단이다.

이도
한 명의 친구가 사랑과 신의가 당신들에게 영원히 한
패가 되기를 바라오.
이 믿음직스러운 땅뙈기에서 사랑의 향유를 누리시길.
그것은 가끔 깊은 곳에서 샘솟아, 결코 고갈되지 않지.
오, 오랫동안 여기서 아름다운 휴식의 시간을 축하하
고
단결하여 늦가을까지 조용한 환희 속에서 머물기를!
그리고 내가 앞으로 동경의 나라로 돌아간다면,
그땐 이렇게 생각하겠지, 작은 곳이어도 이곳은 나름
그 가치가 있으리니.

프라이베르크(1798~1799) 14

이방인[37]

DER FREMDLING

1797년 1월 22일

베르크레틴 폰 카르펜티어[38] 여사에게

그대는 피곤하고 온기가 없구려, 이방인이여, 그대는
이 천상에 익숙해 보이지 않소이다 — 그대의 고향에는
더 따뜻한 바람이 불고
젊은 가슴이 더 자유롭게 부풀어 오르지 않았었소.

---

37) 조피가 죽은 후, 노발리스에게 이 개념이 의미하는 바에 대해서는 《밤의 찬가》 중 〈제1찬가〉 "그러나 무엇보다도 훌륭한 이방인 하나가 사려 깊은 눈과 풍요로운 곡조가 담겼을 입술을 부드럽게 닫고 부유하는 걸음을 옮기고 있다"를 참조하시오.

38) 노발리스의 두 번째 연인인 율리에(Julie)의 어머니다.

그곳에서는 영원한 봄기운이 고요한 초원 위에
다채로운 삶을 여기저기 흩뿌리지 않았소?
그곳에서는 평화가 견고한 직물을 잣고 있지 않소?
그리고 그곳에서는 한때 성장했던 것이 영원히 꽃피지 않았던가요?

오! 그대 헛되이 찾고 있소이다 — 저 천상의 나라는
몰락했소이다 — 필멸자 그 누구도 길을 알지 못하오,
영원히 접근하기 어려운 바다가
덮고 있는 그 길을.

그대의 친족 중 소수만이 홍수에서
구출되었소 — 이리저리 곳곳으로
그들은 씨앗을 뿌리고 고대했소,
재회의 더 나은 시대를.

기꺼이 나를 따라 주면 좋겠소만, 참으로 좋은 운명이
이곳으로 그대를 인도했소 — 고향의 친구들이
여기 있고, 그들 역시 조용하게
오늘 사사로운 축제[39]를 벌이고 있다오.

그곳에서는 그대에게서 명명백백하게
내면적인 마음의 조화가 나타날게요—
순진무구함과 사랑이 얼굴 만면에서 분명하게 환하게 빛날 것이오,
예전에 조국에 있을 때처럼.

그대의 눈빛은 더 밝게 활기를 띠고 있소—
참으로, 저녁은 하나의 친근한 꿈처럼, 재빠르게 그대에게 불고 있소,
달콤한 대화 속에서 좋은 사람들에게서
그대의 마음이 해소된다면—

보시오, 같은 나라에서 쫓겨났다고 느끼는
당신과 같은 이방인이 여기 있소. 그에게는
슬픈 시간이 되었소이다— 즐거운 나날이

39) 베르크레틴 폰 카르펜티어의 생일이다.

일찍 그에게 인사했소.

그러나 그는 아직도, 그가 동료들을 만났던 곳에서, 기꺼이 머물고 있소.
가정적인 기쁨의 축제를 함께 축하하고 있소.
그토록 신선하게 부모님 주변에서 피어나고 있는 봄이
그를 열광케 하고 있소.

울고 있는 사람들이 마지못해 어머니를 빼앗기 전에
오늘의 축제는 종종 또 돌아오겠지.
그리하여 어두운 오솔길들 위로
지도자를 따라 조국으로 간다오 –

당신들의 유대의 결속을 축하해 주었던
마술은 사라지지 않고, 그리고 멀리 떨어져 있는 사람들도
그것을 함께 누리고,
그리고 즐거운 길을 당신들과 함께 걷도록 –

손님은 이것을 원하오 – 그러나 시인은 우리에게

그를 위해 그것을 말해 준다오, 왜냐하면 그가 기쁘면
쾌히 침묵하노니,
그리고 그는 마찬가지로
멀리 있는 그의 연인을 그렇게 동경하노니.

낯선 사람에게 친절하게 대하시라—기쁨은 제한적이고
보잘것없지만—그러나 이 세상에서
친절한 사람들과 함께라면
그는 인내심을 가지고 위대한 생일을 바라보나니.

프라이베르크(1798~1799) 15

꽃들

BLUMEN

왕[40]에게

하늘은 왕국 이상의 것을 루이제를 통해 그대에게 주었지,
그러나 그대 역시 왕비에게 왕관 이상의 것, 그대의 심장을 가져다주었지.

알프스 장미

천상의 삶의 불꽃이 꼭대기에 달라붙는 일은 특이하건만,
그런데 산의 장미 역시 여왕으로서 피어나네.

---

40) 1797년에 막 즉위한 프리드리히 빌헬름 3세이며, 왕비는 루이제 폰 메클렌부르크슈트렐리츠다.

왕

이미 왕 이상인 사람만이 위엄 있게 다스릴 수 있지,
또한 왕은 가장 장려한 것을 사랑하는 사람이어야 하리.

지상의 천국

연인이 있는 곳, 그곳에서 지상은 순결하게 차려 입지,
그러나 천상의 공기가 더 빨리 악인을 먹어 치우노니.

시간이 되었다[41]

반짝이며 다리가 놓여 있고, 그 육중한 그림자는
그 시간을 떠올리고, 사원이 이제 이곳에서 영원히 쉬고 있나니,
독단의 무시무시한 징표를 지닌 돌과 금속의 우상이
전복되어 있고, 우리는 그곳에서 사랑스러운 한 쌍만을 바라보나니 —

---

41) 이 행들은 괴테의 《동화》의 연속선상에 있다. 다음과 같은 단어들을 참조하시오. 다리, 그림자, 돌과 금속의 우상.

각자는 포옹에서 오래된 왕조들을 알아보고,
키잡이를 식별하고, 또다시 행복한 시간을 알아보네.

불화의 끝

갈등이 오랫동안 지속되었고 아무도 그것을 조정할 수 없었지.
수많은 아름다운 수정들이 적대적인 충돌 속에서 부서졌지.
사랑만이 영원한 평화의 탈리스만[42]을 소유할 수 있지 ―
사랑이 나타나는 곳, 그곳에서만 모든 것은 하나로 흐르네.

죽어 가는 수호신[43]

환영하오, 사랑하는 이여, 이제 그리고 또다시 내 목소

42) 부적이다.

43) 조피의 상을 루이제 왕비와 연결했다.

리가

그대를 부르지 않으리. 내게 작별이 가까웠으니
내가 추구했던 것을 찾았고,
그리고 마법의 결속이 녹는구나.

아름다운 존재, 그대는 왕비를 보는구나 –
저주와 마법을 제거하네. 나는 오랫동안
쓸데없이 모든 왕관 주변을 날아다녔지. 그러나 마침내
오래된 고향이 당신을 통해 내게 눈짓하네.

벌써 저 내밀한 불꽃이 강력하게 타오르네 –
나의 오래된 존재, 지상의 건축물 속에
깊이 박혀 있네. 그대는 제물을 바치는 사제여야만 하고
귀환의 노래를 불러야만 하리.

이 가지들을 붙잡아, 그것들로 나를 덮어 주오.
그러고 나서 고양된 노래를 동쪽을 향하여 부르라,
태양이 떠오르고 점화되도록

그리고 내게 근원 세계의 문을 열어 줄 때까지.

베일의 향기, 이전에 나를 감쌌던 향기가
이제 황금색으로 물들어 지평선 위로 떨어지누나.
그리고 그것을 마신 사람은 감격을 받아
아름다운 여왕에게 영원한 사랑을 맹세하누나.

땅

저 천상의 한 쌍이 밀물 위에서 비둘기처럼 높이 떠다니고,

그리고 올리브 나뭇가지가 있어, 그것이 저곳처럼 땅의 평화를 가져오누나.

프라이베르크(1798~1799) 16

2행시[44] 1798

DISTICHEN 1798

1.

친구들이여, 땅이 빈약하니, 우리 풍부한 씨앗을

뿌려야만 하겠소, 그러면 우리는 적당한 수확을 얻을 것이오.

2.

세상의 건설은 더 강렬하도록 절박한 의미를 충족하지 못했소이다.

그러나 사랑하는 마음은 추구하는 정신을 만족시킬 것이오.

44) 헥사메터(Hexameter)와 펜타메터(Pentameter)로 이루어졌다.

3.

잠자리를 끌어내도록 해 보라, 그들은 순진무구한 이방인들이오.
쌍성(雙星)을 따라 즐겁게, 선물과 함께, 이리로 오시오.

4.

누군가에게는 그 일이 이루어졌는데, 그는 자이스의 신들의 베일을 들어 올렸소—[45]
그러나 그는 무엇을 보았는가? 그는 보았지, 기적의 기적—자기 자신을.

5.

제후들은 제로들이다. 그것들은 그 자체로는 숫자에 불과할 뿐 아무런 가치도 없지.
제로가 숫자들을 원하는 대로 증가시키지. 옆에 있어

---

45) 노발리스의 중편소설 《자이스의 제자들》에 삽입되어 있는 〈히아신스와 장미꽃 아가씨〉에 등장하는 신, 이시스와 관련된다.

야 숫자는 많은 가치가 있네.

6.

가설들은 그물이다. 그것들은 그저 던지고 낚을 뿐이지.
미국은 가설 자체를 통해 발견되지 않았던가?
귀중하게 또 그 무엇에 앞서 가설이여 살아날지어다— 오로지 그것만이
영원히 새롭게, 그렇게 종종 스스로를 이겨 낼 뿐이네.

7.

밤이 군거성(群居性)의 보금자리를 찾는 것은 현명하지 않은가?
그 때문에 그것은 영리하게 여겨진다— 그 또한 잠든 것들을 좋아하는구나.

8.

퀸투스[46]의 복된 희망

나는 퀸투스에 머물렀고, 죽도록 일했지만 가난하네, 시골 쥐처럼.
나는 즐겁게 죽으리— 확실히 저 위에서는 성자 테

르티우스가 되려네.

---

46) 장 파울 리히터의 1715년의 소설 《퀸투스 픽슬라인의 삶(Leben des Quintus Fixlein)》을 가리킨다.

프라이베르크(1798~1799) 17

너 자신을 알라

KENNE DICH SELBST

오직 한 가지지, 인간의 모든 시대에 걸쳐 추구했던 것은
도처에서, 때로는 높은 곳에서, 때로는 세상 가장 깊은 곳에서 -
상이한 이름으로 목적 없이 그것은 점점 더 숨어들었고,
그는 그것을 항상 자각했지 - 그럼에도 불구하고 그는 그것을 파악하지 못했지.
오래전 한 남자[47]가 스스로를 발견했는데, 그는 친근한 신화 속에서 어린아이들에게
은폐된 자물쇠에 대한 길과 열쇠를 보여 주었지.

---

47) 역사적인 인물은 아니다. 그보다는 노발리스의 《자이스의 제자들》에 나오는 지혜의 스승으로 볼 수 있겠는데, 그는 인간들에게 친근한 신화 속에서 숨겨져 있던 인식의 "성"으로 가는 길을 드러내 준다.

소수의 사람들에게 그 해답의 쉬운 암호가 해명되었지만,
그러나 그들 역시 목적의 장인이었지.
오랜 시간이 지나갔고 오류[48]가 우리들에게 그 의미를 개량해 주었지－
신화는 우리에게 결코 그 진실을 숨기지 않았지.
다행히도 이미 현명해져서 세상에 대해 곰곰이 더 생각해 볼 필요가 없게 된 사람,
스스로 영원한 현자의 돌을 열망한 사람,
오직 그 이성적인 인간만이 추방당한 대가[49]이며 그는 모든 것을
생명과 금으로 변화시키는 데 신비의 영약(靈藥)을 결코 필요로 하지 않지.[50]

---

48) "오류"는 신비의 영약을 통해서 현자의 돌(말하자면, 예술적 삶)과 금을 생산해 내는 연금술사의 방법이며, 위에서 말한 "한 가지"를 찾아 내는 것은 두 번째 단계다.

49) 여기서 "대가"는 연금술에서 전문가이며, 그는 "현자의 돌"을 찾아 내며, 이것으로서 노발리스의 세 번째, 즉 마지막 단계가 성취된다.

그의 내부에서 성스러운 증류기가 증기를 내뿜고 왕이 그의 내부에 있지—
델포이[51]도, 또 그는 마침내 그것을 파악하지—너 자신을 알라.

---

50) 신비의 영약의 도움을 받아 연금술의 대가는 금속의 왕인 금을 증류기에서 생산하고자 했다.

51) 델피(현대 그리스어 명칭)의 아폴론 신전 앞마당에는 "너 자신을 알라"라고 하는 비명이 새겨져 있다. 《자이스의 제자들》에서 그리스의 지혜가 연금술의 정화된 목적과 일치되어 있다.

프라이베르크(1798~1799) 18

마지막 사랑

LETZTE LIEBE

그러니 성지 순례의 끝에서, 한 번 더 다정하게 바라보자,
　임원(林苑)의 작은 문이 조용히 내 뒤에서 닫히기 전에.
고맙게 여기며 나는 진실한 동반녀인 사랑[52]의, 즐거운 마음의 부호를 받아들이고,
　기쁜 마음으로 그녀에게 마음을 열고자 하네.
그녀는 삶을 통해서만 충고를 주면서 나를 이끌었지,
　만일 내가 선을 따랐다면, 많은 연약한 마음이 일찍 세상을 떠난 이들[53]을

52) 윤리에에 대한 시인의 사랑과 맞닿아 있다.

53) 1797년 조피의 죽음에 대한 암시다.

애도하고, 그리고 경험 많은 자의 희망도
나와 함께 사라진다면, 모든 것은 그녀 덕분이오.
아직 아이로서, 펼쳐지고 있는 힘들의 달콤한 감정 속에서,
참으로 행운아가 일곱 번째 양춘(陽春)[54]에 들어섰을 때,
부드러운 손으로 젊은 가슴에 사랑을 느꼈을 때,
여성적인 우아함[55]이 저 과거를 풍부하게 장식하지,
어머니가 졸음으로부터 어린애를 키스로 깨우듯,
아이가 먼저 어머니를 보고 그녀를 이해하듯.
또한 사랑이 나와 함께 - 사랑을 통해 나는 처음 세상을 겪었고,
나 자신을 발견하고, 연인으로서 되고자 하는 것이 되었지.
지금까지 그저 젊음의 유희였던 것이 진지한 업무 속

54) 1779년 5월 2일, 노발리스의 일곱 번째 생일은 일요일이다.

55) 어머니의 우아함을 가리킨다.

으로
되돌아오고, 그럼에도 불구하고 그녀는 나를 떠나지 않았지 —
의심과 불안이 나로 하여금 종종 그녀로부터 멀어지도록 하고,
마침내 그런 날, 양육을 완성하는 날[56]이 모습을 드러내고,
그런 날이 나의 운명을 내게 연인으로 주고,[57] 또 영원히
나를 자유롭게 해 주고, 또 끝없는 행운을 확신하게 했지.

---

56) 위 "진지한 업무"와 연계, 조피의 죽음과 관련된다.

57) 조피의 죽음이 운명을 연인으로 만들고, 그를 내적으로 가르치고 해방해 주고, 그에게 끝없는 행복의 조망을 주었다.

프라이베르크(1798~1799) 19

푼트그루베 아우구스테

AN FUNDGRUBE AUGUSTE

그녀의 49회 생일에
1798년 10월 5일

행운을 비오, 푼트그루베여, 새쿨룸은
이제 당신에게 절반쯤 다가왔소.
수많은 고귀한 행운[58]이 당신에게 열리고,
그리고 좋은 날씨가 항상 여기에 우리에게 허락되었소.
광물로 채워진 암맥(巖脈)이 광부의 행운으로 이어지고
다른 친근한, 광물을 품은 암맥들과 앞으로도 오랫동안 함께하리라.

---

58) 금과 은을 함유한 광석을 말한다.

프라이베르크(1798~1799) 20

피곤한 이방인이 사라졌네

DER MÜDE FREMDLING IST VERSCHWUNDEN

1799년 1월

피곤한 이방인이 사라지고
친구에게 자리를 내주었는데,
그는 수많은 슬픈 순간들을 견디면서
신실한 마음을 가져왔지.
근심으로부터 보호받지 못했지만,
이제 영원히 그대들과 결합하여[59]
그는 다시 스스로를,
그리고 그가 생각하지도 못했던 수많은 것을 찾아냈지.

---

59) 1798년 성탄절에 노발리스는 율리에 폰 카르펜티어와 약혼했다.

수많은 주(週)들이 지나고 한 해가 지났지만
어떻게 지나갔는지 우리는 알지 못하지.
그리고 우리가 약속했던 것과는 달리
종종 삶의 멜로디가 울렸지.
그러나 우리의 꽃다발 주변에 사랑스러운 결속이
매일매일 더 견고해졌지.
그리고 한 눈먼 아이[60]가 집에 있을 것이라는 이야기가
점점 더 공공연해졌지.

그 아이는 그대들 두 사람 중 한 명[61]을 알고 있었으니
그 이야기가 무슨 의미였는지 확실하지.

---

60) 에로스, 혹은 작가 자신을 가리킨다.

61) 한 사람은 율리에, 또 한 사람은 율리에의 미혼 언니인 카롤리네 폰 카르펜티어다.

마지막 시들(1799~1800) 21

오, 바쿠스여

QUO ME, BACCHE…

호라츠—개작의 파편들

내 마음의 충만함,
도취의 신이여,
그대는 나를 어디로 끌고 가는가.
나는 어떤 숲, 어떤 계곡을
낯선 용기를 지니고 유랑했던가.
어느 동굴에서
별의 무도회에 귀를 기울였던가.
카이사르의 영원한 광채가 나를 엮고
그리고 신들에게 그를 친구가 되게 하네.
들어 보지 못한, 엄청난
어느 누구의 입에서도 나온 적 없는
강렬한 것들에 대해 나는 이야기하고자 하오.
상기된 몽유병 환자처럼

바쿠스의 처녀는
헤브루스에서 깜짝 놀랐지
그리고 트라키아의 눈 속에서
그리고 야생동물의 나라인 로도피에서
흐르는 물
고독한 숲이
내게는 특이하고 낯설었다네.

마지막 시들(1799~1800) 22

누이 카롤리네에게 어머니의 이름으로

AN DIE SCHWESTER KAROLINE IM NAMEN DER MUTTER

최초의 사랑의 징표,[62] 영원하고 복된 결속의 징표여
　나는 그것을 묶어 냈으니, 아직 이 가슴이 젊은이답게 뛰는구나.
그 애에게 불멸의 사랑의 감정이 처음 열리고,
　그리고 유일자(唯一者)를 보았을 때, 유일자에게 유일해졌지.
그때 이후로 내게 슬픔과 기쁨에 찬 순간들이 흘렀지.
　그러나 여전히 내 심장은 그에게서 뛰었고, 예전처럼 불타올랐지.
결코 내게 피어나지 않았던 삶의 봄기운이 너희들 안

---

62) 카롤리네는 아우구스트 폰 하르덴베르크의 첫째 아이다.

에서 내게 피어났고,
하늘은 그것 대신에 가장 다정한 소원대로 내게 슬픔과 기쁨을 선사했지.
오! 딸아, 네가 내게 마음을 털어놓아도 너는
수많은 고통의 순간들에 대해 내게 얼마나 절묘하게 벌주지 않았는지.
그리고 아버지의 영혼이 모든 움직임 속에서 나타나고,
모든 특징이 그에게 상응하고 모든 감정은 그에게 부합하노니.
오! 그러자 그것은 복에 겨운 어머니에게는 흡족한 일이었지.
영원하고 내적인 감사를 하면서 그녀는 하늘을 올려다보았지.
오! 네가 나와 나누었고, 그리고 앞으로도 내가 민감하고 불안하게 앉아
나와 함께 나눌 모든 고통의 시간들에 대해서
네 형제들을 위협하는 미래의 운명에 대해[63]
만일 그 애들이 꼼꼼하고 지혜롭지 못해 올바른 길을 선택하지 못하고

바보처럼 길을 잃어버리면 고민해 보기로 하자꾸나.
그리하여 충고의 목소리에 귀 멀고, 미래에 대해 눈이 멀어
앞으로 네 운명에 똑같은, 영원한 사랑으로 보답하마.
그리고 너를 사랑하는 사람과 어울려 보렴.
그가 네게 삶의 길을, 네 아버지가 나를 그에게 이끌었던 것처럼
충실하게 안내해 줄 것이니, 또 너도 내게 충실함으로, 그리고 온순한 성품과
사랑으로 남아 다오. 그러고 나서 나도 벌써 오래전부터 그 길을 따랐으니,
서늘해지는 동굴이 졸고 있는 먼지를 더 쉽게 덮는구나.

---

63) 노발리스(21세)와 그의 동생 에라스무스(19세), 그들 둘에게 닥친 난관들을 말한다.

마지막 시들(1799~1800) 23

와인 수확에 부쳐

ZUR WEINLESE

1799년 10월 5일

사랑하는 이들이여, 포도를 딸 때가 되었소.
포도 따는 달이 항상 있는 건 아니니 말이오.
그래서 나는 오늘 그대들에게 운문으로 말하노니
그렇게 해서 그 누구도 그것을 잊지 마시길—
와인 수확의 달이 오면, 그대들은 알아야만 하오.
그땐 포도송이들과 포도즙, 와인이 있겠고
제대로 영글지 못한 장과(漿果)들도 있을 테니
그것들을 통에 쏟아부어야 한다는 것을 말이오.

여러 가지 장과들이 있고,
우리는 그것들을 형형색색으로 볼 수 있소.
그리고 우리는 어떤 것들을 높이 평가하지만
그리고 우리는 어떤 것들을 가축에게 던져 주기도 하오.

그것들은 기질에 따라 상이하며,
그리고 아주 수많은 자태를 지니고 있소.
그래도 와인이야말로 자연의 총아로서
다른 모든 것들에 앞서오.

나는 그대들을 하나의 통으로 데리고 갈 것인데,
그것은 하나의 주사위[64] 같은 자그마한 통이고,
한 마리 비둘기가 그 달콤함을 맛보기 위해
그대들을 끄집어내지.
나는 용감한 벤트인(人)들[65]을 칭찬하고,
그들은 손을 뻗치는데, 그리고 그것들은 불결하지 않지.
그들은 기꺼이 두 손으로
푸른 포도송이들을 입안에 넣지.

---

64) 주사위의 두 점이 찍힌 면인데, 이것은 우수성의 표현이다.

65) 라우지츠에서 온 레헨베르크 형제들을 암시한다.

그건 씁쓸하고 신맛이 나지, 그렇지 않소?
좋은 맛이 난다는 걸 그 벤트인은 잘 알고 있었지.
그는 먹고 계속해서 잘 먹었소.
그리고 두 뺨 가득히 채웠지.
그 때문에 그는 말조차 할 수 없었지.
그는 열망을 갖고 그곳에 서서 씹었고,
그래서 사람들은 그가 그토록 수줍게 웃는 걸 보았소,
마치 그가 아직 신부 옆에서 씹고 있는 것처럼.

그들은 이제 음료를 대량으로 판매할 테지.
나는 그것에 대해 그대들에게 찬성할 수 있소.
종종 그들은 그 통 주변에서 춤을 출 것이고
그리고 그의 작은 포도송이[66]와 함께 빙빙 돌 테지.
그들이 열매에서 바로 새로운 모수(母樹)를
끄집어낼 수 없다는 것을 누가 알고 있을지,
오래된 통의 명성을 위해서

66) 포도(Traube)의 축소형인 'Träubchen'을 사용했는데, 이것은 노발리스의 누이인 카롤리네 폰 하르덴베르크를 나타낸다.

미래에 얼마나 많은 시간이 필요할지요.

우리가 흘러넘치는 것을 마시면,
오래된 통이 피어나 성장하고
그리고 작센 지방 도처에서
그 와인이 멋진 식사에서 헤엄치네.
그 통은 수많은 성숙한 포도송이를 가지고 있으며
그 종류가 하도 많아 그것에게 부담이 된다오.
독수리와 비둘기[67]에게
그 식사에 오도록 초대할 판이오.

비록 이미 오래 서 있긴 했지만,
그게 앞으로도 오랫동안 번성하리라는 것을 나는 알고 있소.
왜냐하면 그것에 대해, 사랑하는 사람들이여
나는 한 명의 작가 혹은 시인이라고 부르려 하오.

---

67) 미래의 손자와 손녀를 가리킨다.

그 통이 나를 꽉 붙잡아 매기에
그대들은 내가 작은 포도송이라고 여기는 것이오?
만일 한 처자가 내가 잘 맛보았는지,
조심스럽게 살펴본다면 나는 그것에 만족하리.

포도 따는 달이 항상 있는 건 아니기 때문에,
그런 통이 도처에 있는 건 아니니,
오늘 그대들의 고통에 대해서 생각하지 말고,
당신의 근심을 마구간으로 끌고 오시오.
우리들의 오래된 통이여, 만세!
그리고 그의 사랑스러운 포도 재배자[68]여 그곳에 있군요!
그리고 우리는 그에게 할머니를 위한 지원자로서
키스를 보내나니.

---

68) 아버지인 울리히 에라스무스를 가리킨다.

마지막 시들(1799~1800) 24

시

DAS GEDICHT

푸르른 의상 속 성스러운 삶
창백한 미광(微光) 속 조용한 소원—
그녀[69]는 그 이름의 특징을
알록달록한 모래 속에 덧없이 새겨 넣네—

높고 견고한 아치[70] 아래
정신이 멀리 날아간 이후로

---

69) 시(Poesie)의 육화다. 문학의 테마로서 시는 '과거 세계의 회상과 미래 세계의 예감'이다. 그녀는 조피와 가깝다. 그녀는 두 번 날아간다. 아래에서 "정신이 멀리 날아간"(6행)으로, 맨 마지막 행 "그녀는 날아서 사라졌지"(32행)에서 다시 등장한다. 또 "꽃들의 여군주"(28행)로서 등장한다.

70) 고딕식 교회다. 아래에서 등장하는 "성가대석"도 이 문맥에서 파악할 수 있다.

오직 램프 불빛에 의해
이제 세상 최고의 성스러움[71]이 조명을 받고 있네.

잃어버렸던 엽서 한 장[72]이
더 좋은 나날을 우리에게 부드럽게 통지하고
그리고 우리는 오래된 전설의
힘센 눈이 열리는 것을 보네.

그대들 근엄한 문으로 잠자코 다가가
그 날갯짓을 기다리고
대리석이 예언하듯 놓여 있던
성가대석에서 아래로 들려오는 것들을 청취하네.[73]

---

71) '정신'이 남겨 두고 간 그리스도를 나타낸다. '조피'와 '그리스도'의 결합(6~8행 참조)은 노발리스의 저서와 작품에서 반복해서 나타난다. 일기장과 3부 《성가》 중 〈제4성가〉를 참조하시오.

72) "더 좋은 나날"(황금시대)(10행)과 "오래된 전설"(11행)을 포함한다. 이런 표현은 바로 다음에 이어지는 25번 〈티크에게〉에서는 "오래된 책"으로 나타난다.

73) 4연 전체를 이집트 미스터리 제식의 의미에서 봉헌 세러모니로 해

덧없는 인생과 찬연한 형상들이
광대하고 공허한 밤을 채우네.[74]
오직 고통에 의해서만 억류된 채
끝없는 시간이 지나쳐 갔네—

석할 수 있다. 《자이스의 제자들》에도 유사한 장면이 나타나는데, 히아신스가 찾고 있는 여신은 이집트의 여신 이시스다. 이는 노발리스 시의 기독교적인 분위기와 대조되는 것으로 볼 수 있다. "대리석"은 이집트 사원 안의 언약궤로 보이는데, 그것은 세라핌의 관을 담고 있다. 그리스도의 무덤은 위에서 말한 "세상 최고의 성스러움"과 관련하여 더 적합해 보인다.

74) 전체 시는 여기서부터 두 부분으로 나뉜다. 1~16행까지는 현재이며, 그다음부터는 과거로 이행된다. 앞부분은 고딕식 교회에서의 한 과정을 보여 주며, 이것은 성찬의 미스터리를 경험하기 위한 것이다["성가대석에서 아래로 들려오는 것들을 청취하네"(16행)]. 그다음 두 번째 부분은 밤의 축제, "끝없는 시간"(20행)이 지속된다. "영원히 술을 마셨네"(23행) 참조. 그럼에도 그것은 "신성한 양탄자"(24행)를 통해 끝난다. 두 부분의 결합은 "사랑"(21행)을 통해 "가득 찬 술잔"(21행)을 가져오며, 성찬의 식음을 회상하며, 양탄자의 "신성한"(24행) 성격을 통해 연결된다.

가득 찬 술잔이 사랑을 실어 오고
또한 정신이 꽃 속에서 진주같이 빛났다네.
천진난만한 술꾼이 영원히 술을 마셨네,
신성한 양탄자[75]가 찢어질 때까지.

보이지 않게 늘어선 대열을 뚫고 잇달아
알록달록하고 떠들썩한 마차들이 지나갔네.
마침내 다채로운 딱정벌레들에 실려
꽃들의 여군주[76]가 혼자 다가왔네.

구름이 이동하는 듯한 베일이

---

75) 《푸른 꽃》 2부에서 실베스터가 언급하는 다음 문장을 소급할 수 있다. "푸르고 신비에 가득 찬, 사랑의 양탄자."

76) "정신이 꽃 속에서 진주같이 빛났다네"(22행)와 관련된다. 조피의 정신이 되돌아오고, 성스러운 양탄자를 찢는다. 그러나 노발리스에게 '찢음'은 파괴가 아니라, 무한한 세계로의 열림이다. 이 점은 《푸른 꽃》 2부의 서시에서, 아스트랄리스가 말하는 "우리 내면의 눈 주위에 감겨 있는 / 저 봉대를 고통스럽지만 우리는 찢어야만 하네"에서 재차 언급된다.

눈이 부시는 이마에서 발끝까지 놓여 있었네.
우리는 무릎을 꿇어 그녀에게 인사했지—
우리는 이내 울었다네— 그녀는 날아서 사라졌지.

마지막 시들(1799~1800) 25

티크에게

AN TIECK

비애와 신뢰로 가득 찬 한 어린아이,[77]
낯선 나라로 추방되어,
기꺼이 빛나는 것과 새것을 단념하고,
오래된 것에 관심을 기울이고 있네.

오랜 추구와 기다림 뒤에,
수많은 노고 어린 활동 뒤에,
황량한 정원 안, 오래전에 무너진 벤치 위에서
그것을 찾아냈지.

금으로 봉합되어 있는 오래된 책 한 권,

---

77) 황금시대의 재현으로서의 어린아이의 형상화다.

그 안에는 들어 보지 못한 단어들이 들어 있다네.
그리고 봄의 부드러운 새싹처럼,
그 안에서 내면적인 의미가 자라났다네.

그리고 앉아서 읽고 들여다본다네.
새로운 세계의 크리스털 안을,
풀과 별들에게 감동을 받고,
감사하면서 무릎을 꿇네.

풀과 잎으로부터 부드럽게
나이 든 한 남자가 신중하게 몸을 일으키네.
매끈한 상의를 입고, 명랑한 얼굴로
경건한 어린아이에게 다가오네.

그 모습은 낯익으면서도 내밀하다네.
그렇게 천진난만하고 경이롭다네.
요람의 봄의 미풍이 아주 특이하게
은색 머리카락과 어울려 논다네.

그 아이는 전율하면서 그의 두 손을 잡았지.

그것은 책의 고귀한 정신이고,
그 정신은 그에게 고단한 순례의 끝과
그의 아버지의 집을 가리켜 보이네.

그대는 내 황량한 무덤 위에서 무릎을 꿇고,
그리하여 성스러운 입이 열리네.
그대는 내 자산의 상속자요,
신의 심연이 그대에게 공포되리.

저 산 위에서 가련한 아이로서
나는 한 권의 성스러운 책을 보았지.
그리고 이러한 선물을 통해
모든 피조물들을 들여다볼 수 있었지.

신의 은총을 통해 내게
최고의 기적이 많이도 일어났지.
내 두 눈은 새로운 결속의 내밀한 상자[78]가
열려 있는 것을 보네.

나는 내면의 즐거움이 내게 계시하는 것을,

충실하게 적어 두었네.
그리고 오해를 받고 가련하게 머물렀지,
내가 신에게 소환될 때까지.

시간이 이곳에 있고, 신비는 더 이상
숨겨진 채 있지 못하리.
이 책 속에서 부서진 아침이
힘차게 시간 속으로 쇄도해 들어오네.

그대는 아침 속의 포고자요
기쁨의 사자가 될 것이오.
하프와 플루트 속의 공기처럼
부드럽게 나는 내 숨을 그대에게 불어넣는다네.

신이시여 그대와 함께하시길
그대에게 다가가 그대의 두 눈을 아침 이슬로 씻어 주

---

78) 언약궤를 말한다.

시리.
충실하게 그 책과 나의 재에 매달려 주시고,
영원한 푸르름 속에서 목욕하시게나.

그대는 이제 마지막 나라를 포고할 것이고,
그것은 수많은 시간을 지나 존속하리.
그대는 열광적으로 존재들을 찾아 나서서,
그리고 야코프 뵈메를 다시 보게 되리.

마지막 시들(1799~1800) 26

초원이 푸르게 물들었네[79]

ES FÄRBTE SICH DIE WIESE GRÜN

초원이 푸르게 물들고
나는 울타리 주변에 꽃이 피는 것을 보았네.
나는 나날이 새로운 잎새들을 보았고,
공기는 온화하고 하늘은 맑았지.
나는 내게 그런 일이 어떻게 벌어지는지,[80]
내가 보았던 게 어떻게 될지 알지 못하네.

그리고 숲은 점점 더 짙어지고
다양한 가수들이 숲에 머물지.

---

79) 요한 하인리히 포스의 〈봄의 사랑〉(1776)에 똑같은 구절이 있다. “종달새 노래하고, 태양은 빛나네, / 초원이 푸르게 물들었네.”

80) 《푸른 꽃》 6장 말미에 나오는 문장과 흡사하다. “그는 무슨 일이 일어났는지 도무지 알 수가 없었다.”

그들의 울림이 내가 가는 길마다
달콤한 향내를 풍기며 쇄도하네.
나는 내게 그런 일이 어떻게 벌어지는지,
내가 보았던 게 어떻게 될지 알지 못하네.

샘물이 솟고 도처에서 이제 싹이 트네.
생명과 색깔, 향내와 소리,
그것들은 기꺼이 하나가 되려는 것처럼 보이네.
모든 것은 사랑스러워 보이고 싶어 하네.
나는 내게 그런 일이 어떻게 벌어지는지,
내가 보았던 게 어떻게 될지 알지 못하네.

그래서 생각했지, 하나의 정신이 깨어나서,
이것이 또 수천 가지 아름다운 사물들로
모든 것을 생기 있게 만드는구나.
이렇듯 꽃이 피는 것은 자신을 계시하려는 게 아니겠는가?
나는 내게 그런 일이 어떻게 벌어지는지,
내가 보았던 게 어떻게 될지 알지 못하네.

어쩌면 새로운 나라가 시작되려는 게 아닐까—[81]
헐거운 먼지[82]가 무성한 덤불이 되는구나.
나무는 동물적 몸짓을 취하고
동물은 심지어 인간이 되려고 하는구나.
나는 내게 그런 일이 어떻게 벌어지는지,
내가 보았던 게 어떻게 될지 알지 못하지.

내가 그렇게 서서 생각에 잠겨 있을 때,
내 안에서 강력한 충동이 시작되었지.
한 친근한 소녀가 왔다가 갔는데
그녀가 나의 온 감각을 사로잡았지.
나는 내게 그런 일이 어떻게 벌어지는지,
내가 보았던 게 어떻게 될지 알지 못하네.

---

81) 노발리스는 이 시기에 무생물적 존재에서 생물적 존재로의 탈바꿈 혹은 상승에 몰두했다.

82) 《푸른 꽃》 유고에는 다음과 같은 표현이 있다. "헐거운 먼지, 흙에 다시 영혼이 깃든다."

그녀가 옆을 지나갔고 나는 그녀에게 인사했지,
그녀는 내가 그걸 결코 잊지 않을 거라고 감사했지 –
나는 그녀의 손을 잡아야만 했고
그녀는 기꺼이 내게 손을 허용할 듯이 보였지.
나는 내게 그런 일이 어떻게 벌어지는지,
내가 보았던 게 어떻게 될지 알지 못하네.

숲은 일광으로부터 우리를 숨겼고
그래 봄이야, 하는 생각이 내게 떠올랐지.
나는 잠시 후에 이제 인간이 이 지상에서
신이 되려고 한다[83)]고 여겼지.
나는 내게 그런 일이 어떻게 벌어지는지,
내가 보았던 게 어떻게 될지 알지 못하네.

---

83) 《노발리스 전집》 3권, 12부, 167번에는 다음과 같은 표현이 있다. "신이 인간이 될 수 있다면, 그는 또 돌과 식물, 동물, 그리고 원소가 될 수도 있다."

마지막 시들(1799~1800) 27

하늘이 구름에 뒤덮였네

DER HIMMEL WAR UMZOGEN

하늘이 구름에 뒤덮여서,
흐릿하고 후덥지근했네.
바람이 뜨겁게 불어왔고
그 특이한 놀이를 벌였네.

나는 천천히 깊은 생각 속에 잠기고,
조용한 슬픔에 여위어 갔지—
나는 이제 무엇을 시작해야 할까?
내 소원은 이루어지지 않은 채로 남아 있네.

인간이 작은 새처럼
살 수 있다면,
나, 그녀에게 날아가
그 새와 함께 즐겁게 살고 싶구나.

여기서 더 이상 아무것도 찾아내지 못하면,
들판과 관목이 텅 비어 버린다면,
우리는 바람처럼
어두운 바다를 건너 날아갈 텐데.

우리는 봄기운 가운데 머물고
겨울에서 멀리 떨어져 있지.
우리는 열매와 화관을 거둘 테고
항상 좋은 시간을 가지리.

은매화[84]가 번영의 계단에
경쾌하게 싹 텄네.
그렇긴 해도 불행의 오두막 주변에는
잡초만이 쑥쑥 자라고 있네.

마음이 조금 우울했는데

---

84) 도금양이다. 도금양은 16세기 이래로 독일에서 순결을 상징하는 신부의 화관으로 사용되어 재배되기 시작했다.

그때 한 어린아이가 가까이 껑충 뛰어왔지.
가늘고 긴 나뭇가지를 자유분방하게 흔들며
친근하게 나를 바라보았지.

그대는 왜 슬퍼하고 있나요?
오! 그렇게 울지 말아요.
이 나뭇가지[85]를 받아요.
그러면 다시 유쾌해질 거예요.

내가 그것을 받아들자 어린아이[86]는 다시
기쁨에 차서 껑충껑충 뛰어갔고
그리고 어린아이의 말 뒤에
조용한 감동이 따라왔네.

---

85) 마법의 지팡이다. 2연 마지막 행, "내 소원은 이루어지지 않은 채로 남아 있네" 참조. 이 소원은 이제 성취된다.

86) 위 25번 시 〈티크에게〉 1연 1행 "비애와 신뢰로 가득 찬 한 어린아이" 참조.

나는 어떻게 생각했어야 하는 것이고,
그 나뭇가지는 네게 무엇이란 말인가?
하나의 초록빛 광채가
덤불로부터 조용히 내 쪽으로 흔들렸네.

뱀의 여왕[87]이 여명을 뚫고
살금살금 기어 왔네.
뱀은 마치 금빛 좀쇠처럼,
경이로운 화려함 속에서 빛났다네.

나는 그녀의 왕관이 알록달록하게

87) 두 가지 상징적인 해석이 가능하다. 하나는 부의 기부자(여)로서, 또 하나는 회춘과 영원한 삶으로다. 첫 번째 해석인 부의 기부자가 더 설득력이 있어 보인다. 다음을 참조하시오. 첫째, '이루어지지 않은 소원'(8행)은 "불행"(23행)이며, 그것은 결혼을 방해한다[그것은 "번영"(21행)을 통해서 가능하다]. "경쾌하게 싹 텄네. / 그렇긴 해도 불행의 오두막 주변에는 / 잡초만이 쑥쑥 자라고 있네"(22~24행) 참조. 둘째, 뱀이 "흩뿌"린(48행), 시인을 "이루 말로 다할 수 없도록 풍요"(5행)하게 해 주는 "초록빛 금"(48행)을 참조하시오.

멀리까지 빛나는 것을 보았고,
그리고 모든 것은 어둠 속에
초록빛 금과 더불어 흩뿌려졌지.

나는 조용히 그녀에게 다가가서
그 나뭇가지로 그녀를 맞혔네.
그러자 나는 놀라운 방식으로
이루 말로 다할 수 없도록 풍요로워졌네.

마지막 시들(1799~1800) 28

도라 슈토크에게

AN DORA [STOCK]

나의 율리에의 그림에 대해 감사하며

자애와 선함으로 가득 찬 이 시선이
빠르게 사위어 가는 불꽃이어야만 하는가?
어느 누구도 이 소녀의 성화기(盛花期)를
하나의 영원한 베일 속에 짜 놓을 수 없으려나?
신뢰와 온유함의 이 얼굴은
후세의 위안을 위해 뒤에 남아 있지 못하는가?
이 성스러운 형상은 오직 한곳 한 순간만을
신성하게 하는가?
*
비애가 깊은 음조로
상냥함의 즐거운 노래 속으로 흐르네.
마음은 결코 시간의 불가사의에는
익숙해지지 않으리.

오! 달콤한 순간의 이 꽃봉오리가
후광 속의 이 고귀한 형상이,
이것이 곧 영원히 사라져야 하고
곧 영원히 꺼져 버릴 것인가?
*
시인은 탄식하고 연인은
그가 누워 있는 실측백나무에 다가가네.
슬퍼하는 연인의 눈물은 결코
그녀가 그에게 얼마나 기대는지 숨기지 못하네.
그는 부동의 시선을
이 사랑스러운 형상에 두고
그녀가 밤으로 유랑하기 전에
그녀를 마음에 안았네.
*
아름다운 이가 물었지, 님이여, 그대는 어떻게 눈물을 흘리는가?
말해 보시오, 어떤 걱정이 그대에게 엄습했는지?
그대는 충분히 훌륭하오, 나는 내 손이 그대를
아프게 하리라고 상상조차 못 했소.
더 명랑해지시오, 왜냐하면 좋은 시절처럼

한 소녀[88]가 곧 오게 될 테니까
그녀가 그대에게 독특한 꽃잎을 한 장 줄 것인데
그 꽃잎이 아마도 그대를 즐겁게 해 주리라.
*
어떻게 하나, 시인은 반쯤 놀라서 외쳤지.
지금 나는 얼마나 기쁜지.
나는 비애의 맥박이 멈추는 것을 느끼고
그리고 현재는 아름다워라.
뮤즈가 마치 신이 그녀를 보내기라도 한 것처럼
이미 그에게 다가왔고
그리고 오랜 친구가 보살피듯
그에게 꽃잎과 백합같이 흰 손을 건네주었지.
*
이제 그대는 그대의 탄식을 절약할 수 있으리니,
그대의 내적인 소원이 그대에게 보증되고,
자연이 언젠가 신성하게 할 것을

88) 여류 화가, 즉 도라 슈토크를 가리킨다.

예술이 지켜 줄 수 있을 것이라.
여기서 확실한 전성기를 누리고
연인이 영원히 젊은 것을 보시오.
앞으로는 땅과 하늘, 열매와 꽃봉오리가
매력적인 통일 속에 있게 되는 것을 보시오.
*
그대는 이러한 특징들에게서 감명을 받고
늦가을에 아직도 조용히 서 있으리니.
그렇게 그대는 쉽게 시간을 이겨 내고
앞으로 영원한 모상을 보게 되리.
예술은 그 마법의 거울 속에서
진솔하게 그 그림자를 이해했고
오직 그 날개의 광택만이
또 그 후광만이 희미하게 색이 바랬지.[89]
*
이제 사랑하는 자여, 그대는 행복하게 감사할 수 있으

---

89) 41~56행은 "소녀"(30행)나 "뮤즈"(37행), 즉 화가에 의해 언급된다.

려나?
그는 신부를 보고, 그 꽃잎을 보네.
열광적인 생각에 가득 차
그는 이곳에서 자신이 영원히 물리지 않는 것을 보리.
그녀가 빠져나가고 나서도 멀리서 아직도 친근하게
그의 마지막 합창을 들을 것이니.
여자 친구의 행운, 가장 사랑스러운 감사가
언제나 그녀에게 충분하게 머무르리.

마지막 시들(1799~1800) 29

율리에에게

AN JULIEN

나는 형언키 어려운 기쁨을 안은
그대의 삶의 동반자라오.
그리고 진정한 의미로
당신의 생성[90]의 기적을 누리고 있다오 —
우리가 진심을 다해 결혼하면
나는 당신의 것이고, 당신은 나의 것이오.
나는 모든 것 중에서 그저 하나를 선택했을 뿐이지만
바로 이 하나가 나를 선택했소.
나는 이것을 달콤한 존재[91]에게 감사하고
그것이 우리를 사랑 가득한 마음으로 알게 하리.

---

90) 원문은 'Bildung'인데, 여기서는 'Gestalt(생성)'를 의미한다.

91) 이 존재는 그리스도를 의미한다. 이것은 11행의 "그"와 연관된다.

오! 진솔하게 그를 존중하오.
그러면 우리는 한 몸이 된 채로 남을 것이니.
그의 사랑이 우리를 영원히 밀고 나가면,
그러면 아무것도 우리의 결속을 방해하지 않으리.
우리는 위안을 받아 그의 편으로
삶의 짐을 실어 나를 수 있고
그리고 서로에게 복되도록 이렇게 말할 수 있으리.
그의 하늘나라는 여기서 이미 시작되고,
우리가 여기서 사라지면 우리는,
그의 품에서 다시 재회하리.

마지막 시들(1799~1800) 30

1800년 7월 27일자 일기에서 나온 운문

VERSE AUS DEM TAGEBUCH VOM 27. JULI 1800

나는 더 이상 불평하지 않고, 나는 즐겁게 스스로를 고양하려오.
그리고 내 인생행로에 기꺼이 만족하려오.
신이 내게 주신 이런 순간이야말로
오랫동안 겪은 고통을 보상해 주는 시간이라오.

오로지 믿음, 주님, 낙관뿐
나는 나 자신을 두려워하는 것이지, 내 연인을 두려워하는 게 아니오.

하늘에 계신 우리 주님을 찬양하세,
믿음과 즐거움은 위에서부터 오네.

마지막 시들(1799~1800) 31

나는 모든 사람이 살아가는 것을 보네

ALLE MENSCHEN SEH ICH LEBEN

나는 모든 사람이 살아가는 것을 보네.
많은 사람들이 아른거리며 쉽게 사라져 가네.
몇몇 사람만이 힘겹게 앞을 헤치며 나아가네.
그러나 그건 오직 유일자에게만 주어진 것이리니.
가벼운 투쟁을 하면서, 흔들리면서 살아가리.

참으로 향유는 바보들에게나 어울리네.
시간이 지나면서 바보들은 사라졌는데,
그건 바로 하루살이에게 해당되는 것과 같지.
현자는 질풍과 시련을 넘어 앞으로 나아가지.
결코 중지하지 말고 투쟁하라.
그래야 시간을 속일 수 있지.
속박을 받게 되어
현자의 힘은 배가되는 게지.

휴식은 신들에게만 주어진 것이네.
그들에게는 과잉이 어울리네.
그래도 우리에게는 행위가 삶이네.
실행하는 힘만이 바로 향유이리라.

마지막 시들(1799~1800) 32

카를 폰 하르덴베르크[92]에게

AN KARL VON HARDENBERG

조용한 신뢰 속에서 우리는 그가 신의 섭리에 따라 사는 것을 보네.
대개의 사람들과는 달리 그는 의미 없이 빈들거리며 돌아다니네.
그는 제공되는 권리를, 더 나은 미래의 권리를,
그것을 꽉 잡고 싶어 한다네.

이 꽃봉오리는 풍요로운 색상으로 펼쳐지겠고,
눈은 더 먼 세상을 향해 반짝이니
신실한 제자는 대가로 성숙할 것이고[93]

---

92) 노발리스의 동생이다.

93) 카를은 스스로 시 작업에 매진했다. 노발리스는 그러나 그 점을 인정하려 하지 않았다.

그 주변에서 새로운 나라가 형성되리.

한 친구가 젊은이의 변화에 대해 조용히 숙고하고
감사하며 소식을 알리니 얼마나 기쁘고
그의 손님에게 오래전부터 스스로를 드러내니 얼마나 즐거운가.

오! 모든 신뢰는 신뢰를 찾아내니
백합 지팡이[94]는 그 신뢰를 향하나니
신뢰야말로 병든 가슴에 즐거움과 생명을 가져다주었네.

---

94) 중세와 르네상스 예술에서, 이것은 백합 속으로 뻗어 나가는 천사의 지팡이다.

2부
밤의 찬가
Hymnen an die Nacht

제1찬가

살아 있다면, 감각의 재능을 받았다면, 그 주변에 넓게 펼쳐진 공간의 그 모든 놀라운 현상 앞에서 그 무엇인들 사랑하지 않겠는가. 모든 것을 기쁘게 해 주는 빛을, 그 빛깔과 그 광선과 그 일렁임을, 깨어나는 한낮 같은 그 온화한 편재를. 휴식이라곤 없는 별들의 거대한 세계가 생명 가장 깊은 곳의 영혼인 양 그 빛을 들이마시고, 그 푸른 물결 속을 춤추며 헤엄친다. 번득이며 영원히 쉬는 돌, 명상하며 빨아 마시는 식물, 거칠게 타오르는 여러 모양의 동물이 그 빛을 들이마신다. 그러나 무엇보다도 훌륭한 이방인 하나가 사려 깊은 눈과 풍요로운 곡조가 담겼을 입술을 부드럽게 닫고 부유하는 걸음을 옮기고 있다. 지상의 자연의 왕처럼, 빛은 끝없이 변신하도록 모든 힘을 일깨우고, 끝없는 결속들을 맺고 또 풀며, 지상 모든 존재에게 천상의 상을 드리운다. 오직 그 빛의 현존만이 세상의 왕국들에게 놀라움을 계시한다.

이제 나 아래로 향해 성스럽고 형언할 수 없는 비밀스

러운 밤으로 향한다. 세상은 멀리 놓여 있어 깊은 무덤으로 가라앉고 그 세상 자리는 황량하고 고독하다. 가슴의 현들에서는 깊은 비애가 휘날린다. 나는 이슬방울이 되어 아래로 떨어져 재 가루와 섞이고자 한다. 아득한 회상, 젊은 시절의 소원, 어린 시절의 꿈, 아주 길었던 삶의 짧은 기쁨과 헛된 희망이 회색 옷을 걸치고, 마치 해질녘에 안개처럼 다가오는구나. 빛은 다른 공간들에 흥겨워하는 천막들을 세워 놓기도 했다. 그 빛이 자기를 순진하게 믿고 있는 아이들에게로 돌아오지 않는다면?

무엇이 심장 아래에서 충만한 예감으로 갑자기 샘솟아, 비애의 부드러운 대기를 삼켜 버리는가? 어두운 밤이여, 그대 역시 우리가 마음에 드는가? 그대, 보이지 않는데도 영혼에 호소하는 망토 아래 무엇을 감췄는가? 그대 손에서, 아편 꽃다발에서 값진 향유가 떨어진다. 그대가 마음의 무거운 날개들을 위로 들어 올리는구나. 우리는 몽롱하고 형용할 수 없을 정도로 감동되는구나. 기쁨에 차고 놀라서 내가 아주 진지한 얼굴 하나를 보고 있자니, 그것이 부드럽고 충만한 경건함으로 내게 몸을 기울이더니, 끝도 없이 뒤엉킨 머리칼 아래 어머니의 사랑스러운 젊은 모습을 드러낸다. 이제 나에게 빛이란 얼마나 유치하고, 또 궁핍한가. 낮과의 이별은 얼마나 큰 기쁨이요 축복인가. 밤이 그대에게서 신하를 전부 빼앗기 때문에, 그대는 넓은 공간에 빛나는 구(球)들을 뿌리는구나. 그대의 전능함을, 재귀를, 부재의 시간에 선포하려는 것이다. 밤이 우리 내면에 열어 준 무한의 눈들은 반짝이는 저 별들보다도, 더욱 멋지구나. 그 눈들은 셀 수 없이 많은 별의 무리 중에서 가장 창백한 별들보다도, 더욱 멀리 보는구나. 그 눈들은 빛 없이도 사랑하는 마음의 깊은 곳을 꿰뚫어 보고, 보다 높은 공간 하나를 형언 못 할 환희로 채우는구나. 찬양하라, 세계의 여왕, 성스러운 세상들의 고귀한 선포자, 복된 사랑의 수호자를. 밤이 내게 그대, 가녀린 연인을 보냈으니. 밤의 사랑스러운 태양이여, 이제 나는 깨어났노라. 나는 그대의 것이자 내 것이기에. 그대가 나의 밤에 생명을 부여했으니, 나를 인간으로 만들어 주었으니. 이제 정신의 불꽃으로 내 육신을 영위하도록, 그래서 나는 그대와 가벼이 내밀하게 섞일 것이고, 그리하여 신혼 첫날 밤은 영원토록 계속되리라.

제2찬가

아침은 항상 다시 돌아와야만 하는가? 지상의 권세는 결코 끝나지 않으려는가? 불행한 번잡함이 밤의 천상 같은 비행을 갉아 먹는구나. 사랑의 내밀한 희생물은 영원히 타오르지 않겠지? 빛의 시간은 설정되어 있다고 하나, 밤의 권세는 시간적으로나 공간적으로 끝이 없다. 잠은 영원히 지속된다. 성스러운 잠이여, 이 지상의 나날 속에서 밤에 바쳐진 사람들을 축복해 주기를. 오직 어리석은 자들만이 그대를 오인하고, 그대가 진정한 밤의 저 여명 속에서 우리에게 측은하게 던져 주는 그림자라는 것 말고는 잠에 대해 알지 못한다. 그들은 포도송이들의 금색 물결 속에서도 호두나무의 마법 기름과 아편의 갈색 즙 속에서도 그대를 느끼지 못한다. 그들은 알지 못한다, 그대가 부드러운 소녀의 가슴 주위를 돌고, 모태를 하늘로 만든다는 것을. 그들은 예감하지 못한다, 그대가 오래된 이야기들로부터 하늘을 열듯 나타나서, 복자들의 집에 무한한 비밀들의 침묵하는 전령에 열쇠를 날라다 준다는 것을.

제3찬가

언제였던가, 내가 처절한 눈물을 흘렸을 때, 내 희망이 고통 속에 녹아 사라졌을 때, 내가 내 삶의 형상을 숨겨 놓은 그 좁고 어두운 공간인 황량한 언덕에 외로이 서 있었을 때. 말할 수 없는 불안에 내몰린 채, 어떤 고독자도 처해 보지 못하리만큼 외롭고, 또 무력하게, 불행만을 생각하고 있었을 때였다. 내가 도움을 청하며 주위를 둘러보았으나, 앞으로도 뒤로도 꼼짝할 수 없어, 다 타 버린 채 도주하는 생명을 끝없는 동경으로 붙잡고만 있던 때였다. 그때 저 멀리 푸르스름한 곳에서 내 옛 지복의 높은 곳에서 황혼의 소나기가 다가오더니 홀연히 탄생의 끈을, 빛의 속박을 끊어 버렸다. 지상의 장려함도, 또 내 슬픔도 그것과 함께 멀리 사라졌으니 비애는 깊이를 알 수 없는 새로운 세계 속으로 함께 흘러 들어갔다. 밤의 감격, 하늘의 곤한 잠, 그대가 내게로 다가왔다. 내 주변이 천천히 솟아올랐고, 속박에서 벗어나 새로 태어난 나의 정신이 그 위로 떠올랐다. 언덕은 먼지구름으로 변했으며 나는 구름을 뚫고 연인의 변용된 용모를 보았다. 그녀의 두 눈에는 영원이 쉬고 있었다. 나는 그녀의 손을 붙잡았고, 눈물은 끊어지지 않고 반짝이는 끈이 되었다. 수천 년의 시간이 저 멀리 아래로, 폭풍우처럼 이동했다. 나는 그녀의 목을 끌어안고 새로운 삶에 겨워 황홀한 눈물을 흘렸다. 이것이 최초의 유일한 꿈이었다. 그때부터 나는 비로소 밤의 천상과 그 빛, 내 연인에 대한 변하지 않는 믿음을 느꼈다.

제4찬가

이제 나는 마지막 아침이 언제일지, 또 빛이 더 이상 밤과 사랑을 두려워하지 않고, 언제 곤한 잠이 영원해지고, 하나의 무한한 꿈이 될지 안다. 나는 내 안에서 크나큰 피로를 느낀다. 성스러운 묘소로 향하는 순례길은 멀고 힘겨워지고, 십자가가 압박한다. 평범한 감각에는 지각되지 않는 크리스털 물결이 언덕의 어두운 모태로 흐르지만, 지상의 물결은 그 발치에서 부서진다. 그 물결을 맛본 자라면, 즉 세상의 국경에 있는 성(城) 위에 올라 밤의 거처, 저 멀리 새로운 땅을 바라본 적이 있는 자라면, 진실로 세상의 북적거림으로, 빛이 영원한 불안 속에 기거하는 나라로 돌아가지 않으리라.

저 위에 그는 움막, 평화의 움막을 세우고, 동경하고 또 사랑하면서, 건너편을 애타게 바라본다, 가장 환영받는 순간이 그를 샘의 근원 깊이 내려 줄 때까지. 지상의 것은 그 위에서 떠다니다가 폭풍우에 밀려나지만, 사랑의 손길에 닿아 성스러워진 것은 숨겨진 통로를 따라 녹은 채, 마치 향기처럼 흐른다. 저편, 곤한 잠에서 깨어난 사랑과 뒤섞이는 그곳으로. 기운 넘치는 빛이여, 오늘도 그대는 피로한 자를 깨워 일터로 보내지만 내게 즐거운 삶을 흘려 넣어 주지만 기억의 이끼 덮인 기념물에서 나를 떼어 내지 못하리라. 기꺼이 부지런히 두 손을 움직이고, 번번이 그대가 나를 필요로 하는 곳마다 둘러보지만 한껏 찬란한 그대의 화려함을 찬미하고, 예술적인 업적에 관련된 아름다운 것들을 여전히 따르지만 반짝이는 힘찬 시계의 진행을 기꺼이 관찰하고, 온갖 힘들의 균형과 무량한 시공간의 경이로운 유희 규칙들을 헤아려 보지만, 그러나 내 비밀한 심장은 충실하게 밤을, 창조적인 사랑을, 밤의 딸을 따른다. 빛이여, 내게 영원히 충실한 심장을 보여 줄 수 있겠느냐? 그대의 태양에게는 나를 알아볼 다정한 눈이 있더냐? 그대의 별들은 염원하는 내 손을 붙잡을 수 있더냐? 내게 부드럽게 포옹하고 정겨운 말을 해 줄 수 있더냐? 온갖 색깔과 가벼운 윤곽으로 밤을 치장해 주었더냐? 혹은 그대의 장신구에 드높은, 사랑스러운 의미를 부여한 건 바로 그녀가 아니었더냐? 그대의 삶이 어떤 환희, 어떤 즐거움을, 죽음에 견줄 만한 황홀함을 제공하겠느냐? 우리를 감격하게 하는 모든 것은 밤의 색깔을 띠고 있지 않더냐? 밤은 어머니처럼 그대를 감싸 안고 있으니, 그대의 모든 장려함도 그녀 덕택이다. 그녀가 그대를 붙잡아 주었기에, 그대를 묶어 주었기에 그대가 데워져서 세상을 낳을 수 있었다. 그녀가 없었다면 그대는 그대 자신 속으로 증발해 버리고, 무한한 공간에서 녹아 없어지고 말았을 것을. 진실로, 나는 그대가 있기 전에 있었다. 어머니께서는 나와 형제자매들과 함께 나를 이 세상에 내보내 거주하도록, 사랑으로 세상을 성스럽게 하도록, 그리하여 영원히 관조되는 기념비가 되도록, 시들지 않는 꽃들로 세계를 뒤덮도록 했다. 아직은 이 신선한 생각들이 그녀를 여물게 하지 않았다. 아직은 우리 계시의 흔적이 적다. 언젠가 그대가 우리와 다를 것 없는 하나가 되어, 동경과 열정으로 가득한 채 꺼져 버리고 죽게 되면 그대의 시계는 시간의 종말을 가리키리라. 내 안에서 그대 분주함의 끝을, 천상의 자유를, 복된 귀환을 느낀다. 나는 거친 고통 속에서, 그대가 우리 고향에서 멀리 떨어져 있음을, 오래되고 멋진 천상에 대항하고 있음을 안다. 그대의 분노도 광포함도 부질없다. 십자가는 불에 타지 않은 채 서 있고, 이는 우리 종족의 승리의 깃발이다.

나는 저 너머로 유랑하고자 하오.
그리하여 모든 고통도
언젠가 환희의
가시에 지나지 않게 되리.
머지않아
나는 풀려나리라.
그리고 사랑에 취해
모태 안에 누우리라.
무한의 생명이 힘차게
내 안에서 물결치고,
나는 위에서 아래로 그대를 바라본다.
저 언덕에서
그대의 광채는 스러지고—
그림자 하나가
식고 있는 관(冠)을 가져오리라.
오! 사랑하는 죽음이여,
나를 더 거세게 빨아 다오,
내가 잠에서 벗어나서
사랑할 수 있도록.
나는 회춘하게 해 주는

죽음의 밀물을 느낀다.
내 피는 향유와 에테르로 변한다—
낮이면 나는
믿음과 용기로 충만해 살고
밤이면 나는
성스러운 불꽃 속에서 죽노니.

제5찬가

오래전 강철 같은 운명이 널리 퍼진 인간 종족들을 묵묵한 힘으로 지배했다. 어둡고 무거운 안대가 그들 겁먹은 영혼들에게 둘러져 있었다. 무한한 대지는 신들의 거처이자, 그들의 고향이었다. 이 비밀스러운 집은 영겁에 걸쳐 서 있었다. 아침의 붉은 산들 너머, 대양의 성스러운 모태 속에는 태양, 만물을 점화하는 생동하는 빛이 살았다.

한 늙은 거인이 복된 세상을 떠받쳤다. 어머니 대지의 근원의 아들들은 산맥 아래 단단하게 자리 잡고 있었다. 그들은 새롭고 장려한 신들과 그 친족, 즐거워하는 인간들을 향한 파괴적인 진노를 품고 있었으나 무력했다. 대양의 어둡고 푸른 심연은 한 여신의 모태였다. 수정 동굴에 사는 풍족한 민족은 호사스럽게 살았다. 강과 나무, 꽃, 짐승도 사람의 감각을 지니고 있었다. 포도주의 맛은 더욱 달콤했으니, 눈에 보일 듯 충만한 젊음에게서 선사받았기 때문이리라. 포도송이 안에도 하나의 신이 거주했고 사랑으로 충만한 모성의 여신은 실한 황금색 곡식단과 함께 자라났다. 또한 사랑의 성스러운 도취는 극히 아름다운 신녀의 달콤한 봉사였으니, 천상의 아이들과 대지의 거주자들의 영원토록 다채로운 향연은, 마치 봄처럼 수백 년에 걸쳐 생명을 불러일으켰다. 모든 종족은, 마치 아이들처럼, 부드러운 수천 갈래 불꽃을 세상의 가장 지고한 것으로 숭배했다. 그래 봤자, 단 하나의 생각, 단 하나의 끔찍스러운 몽상일 뿐이었다.

즐거운 식탁으로 무시무시하게 다가와
마음을 거친 공포 속으로 몰아넣는 게 있었다.
이것에 대해 신들마저도 침울한 가슴을
위로로 채워 줄 방도를 알지 못했다.
이 괴물의 길은 비밀스러웠으니,
애원과 제물로도 그 분노를 달래지 못했다.

그것은 바로 죽음이었다. 그는 이 즐거운 향연을
불안과 아픔과 눈물로 중단했다.
이곳에서 가슴을 달콤한 향락으로 자극하던
모든 것으로부터 영원히 단절된 채로,

지상의 부질없는 동경, 부단한 고뇌에 붙잡혀
사랑하는 사람들과 헤어진 채로 살아가는
망자가 제 몫으로 받은 꿈은 밋밋해 보였고,
물려받은 대로 그저 무력한 투쟁밖에 벌이지 못했다.
끝없는 권태의 절벽에
향유의 파도는 산산이 부서졌다.

용감한 정신과 드높은 감각의 불꽃으로
인간은 이 무서운 괴물을 멋지게 장식했다.
다정한 소년이 불을 끄고 휴식에 드니—
그 끝은 부드러워지리라, 하프의 울림처럼.
기억이 서늘한 그림자의 물결 속에 녹아 버리자,
위로가 필요한 슬픈 이들을 위해 노래가 불리었다.
그렇지만 영원한 밤의 수수께끼는 풀리지 않았으니,
그것은 멀리 떨어진 힘의 근엄한 증표로다.

옛 세계는 끝을 향해 기울었다. 젊은 종족의 환락의 정원은 시들었다. 더 자유롭고 거친 공간 속으로 순진함을 저버린, 성장해 가는 인간들이 나아갔다. 신들은 가신들과 함께 사라졌다. 자연은 고독하고 생기가 없었다. 메마른 숫자와 엄격한 절제가 강철 사슬로 자연을 속박했다. 무량하던 생명의 꽃은 어두운 말들로 용해했다, 먼지와 공기로 녹듯이. 마법을 부리던 믿음도, 만물을 변화시키고 만물을 혈연처럼 친밀하게 엮어 주던 천상의 동반자, 환상도 탈주해 버렸다. 굳어 버린 평야 위로 찬 북풍이 음울하게 불었고, 차갑게 굳은 경이의 고향도 에테르 속으로 사라졌다. 하늘 저 먼 곳들은 빛나는 세상들로 채워졌다. 세계의 영혼과 그 가신들은 심연의 성소, 마음의 더욱 높은 공간으로 이동했고, 밝아지고 있는 세상의 장려함이 동트게 될 때까지 그곳에서 다스릴 것이다. 빛은 이제 더 이상 신들의 거처도 아니고 천상의 증표도 아니었으니, 신들은 밤의 베일을 스스로 뒤집어썼다. 밤은 계시의 강력한 모태가 되었고, 신들은 그 모태로 귀환했으며, 그곳에서 선잠에 들어, 새롭고 장려한 형상으로 변화한 세상 위로 나아간다. 너무도 조숙하여 모두의 경멸을 받았던 민족, 유년의 복된 순수함을 당돌하게 절연한 민족 속에서, 새로운 세계가 미증유의 얼굴로 나타났다. 영감에 찬 오두막의 빈곤 속에서 탄생한, 최초의 성모와 어머니의 아들은 내밀한 포옹의 무한의 열매였다. 동방을 예감하는, 꽃처럼 만발한 지혜가 새로운 시대의 시작을 최초로 알아챘다. 별

하나가 왕의 겸허한 요람에 이르는 길을 안내했다. 그들은 먼 미래의 이름으로 왕에게 자연의 가장 드높은 경이인 광채와 향유로 경의를 표했다. 천상의 심장은 아버지의 고귀한 얼굴을 향하고, 사랑스럽도록 진지한 어머니의 예감 가득하고 행복한 품에서 쉬면서, 전능한 사랑을 담는 꽃받침으로 고독하게 펼쳐졌다. 피어나는 어린아이의 예언적인 눈이 신격화의 열광으로 미래의 나날로 향해, 지상의 운명과 나날에는 개의치 않은 채, 사랑하는 사람들과 신족의 후손들을 바라보았다. 곧 진지한 사랑에 신비롭게 붙들린 천진한 마음들이 그의 주변으로 모여들었다. 그의 주변에서 새롭고 낯선 생명이 꽃처럼 싹텄다. 그의 친절한 입술에서는 무진한 말과 복음 들이 숭고한 정신의 불꽃처럼 쏟아져 나왔다. 먼 연안, 헬라스의 밝은 하늘 아래서 태어난 가인(歌人) 하나가 팔레스타인에 와서 경이로운 아이에게 자신의 심정을 전부 바쳤다.

그대야말로 오래전부터 깊은 사고 속에서
우리 묘비들 위에 우뚝 서 있는 소년이구나.
어둠 속 위로의 징표요,
더 고귀한 인류의 기쁜 시작이구나.

깊은 슬픔 속에 우리를 빠뜨렸던 것이
지금 우리를 달콤한 동경으로 이끌어 내는구나.
죽음 속에서 영원한 삶이 알려졌으니,
그대는 죽음이요 비로소 우리를 낫게 하는구나.

가인은 충만한 기쁨을 안고 인도를 향해 떠났다. 가슴은 달콤한 사랑에 취한 채, 저 온화한 하늘 아래 불타는 노래를 털어 냈고, 그리하여 수천의 심장이 그를 향해 몸을 숙였으니 복음은 수천 갈래로 자라났다. 가인이 떠난 직후, 고귀한 생명은 인간의 깊은 타락의 희생물이 되었다. 사랑하는 세상과 흐느끼는 어머니, 겁에 질린 벗들을 떠나, 그는 젊은 나이에 죽었다. 그 사랑스러운 입은 형언할 수 없는 고통의 몽매한 잔을 비웠다. 끔찍한 두려움 속에 새로운 세계가 탄생할 시간이 다가왔다. 그는 오랜 죽음의 공포와 힘겹게 결투를 벌였다. 옛 세계의 압박이 그를 괴롭혔다. 친근하게 어머니를 한 번 더 바라보자 그때 영원한 사랑을 파기하는 손길이 다가왔고, 그는 영면했다. 며칠 지나지 않아, 휘몰아치는 대양, 요동치는 대지 위에 베일이 걸렸고, 사랑받던 이들은 셀 수 없는 눈물을 흘렸다. 비밀의 봉인은 풀렸으며, 천상의 정령들이 어두운 무덤으로부터 태곳적 바위를 들어 올렸다. 곤하게 잠든 이 곁에는 그의 꿈들로 부드럽게 형성된 천사들이 앉아 있었다. 그는 새로운 신들의 장려함 속에서 깨어나 새로 태어난 세상의 꼭대기에 올랐다. 그는 황량한 굴속에 오래된 주검들을 손수 매장하고, 전능한 손으로 그 위에 어떤 힘으로도 들어 올리지 못할 바위를 올려놓았다. 그대가 사랑하는 사람들은 아직도 기쁨의 눈물, 그대의 무덤에 바치는 무한한 감사와 감동의 눈물을 흘린다. 또한 그대가 기쁨에 소스라치며 부활하는 모습을, 그대와 함께 그들 자신도 부활하는 것을 본다. 그대가 감미로운 열정으로 어머니의 복된 가슴에서 우는 것을, 벗들과 함께 진지하게 걷는 것을, 마치 생명의 나무로부터 나온 듯한 말들을 하는 것을 본다. 또 동경으로 가득한 채 젊은 인류와 황금 미래가 가득한 잔들을 실어 오면서 그대가 아버지의 품 안으로 서둘러 달려가는 모습을 본다. 어머니는 곧 서둘러 그대의 뒤를 따랐으니, 천상의 승리였다. 그녀는 그대 곁의 새로운 고향에 가장 먼저 있었다. 그때로부터 오랜 시간이 서둘러 지나가고 흐르고, 그대의 새로운 창조물은 점점 더 고귀한 높은 광채 속에서 활기를 띠었다. 수천의 사람들이 고통과 번민에서 벗어나, 믿음과 동경과 충실함에 가득 차 그대를 따랐고, 이제 그대, 또 성처녀와 함께 사랑의 왕국을 순례하고, 신전에서 천상의 죽음을 섬기니, 영원히 그대의 것이다.

바위가 치워지고—
인류가 부활했다—
우리 모두는 그대의 것이니
아무런 속박도 느끼지 못하리.
최후의 만찬에서
이승과 삶이 물러서니
가장 쓰라린 고뇌도
그대의 황금 원반을 보고 달아나는구나.

죽음이 혼인식에 오라 부르네—
등불은 모두 밝게 타오르고—
성처녀들은 모두 자리를 잡았네—
기름이 떨어지는 일은 없으리니—
벌써 그대의 무리로부터
저 멀리서 들려오는 소리,
별들이 어서 우리의 이름을

인간의 말과 목소리로 부른다.

마리아시여, 당신을 향해
벌써 수많은 가슴이 더 고양되고 있나이다.
여기 그림자 같은 삶 속에서
그들은 오직 그대만을 갈구하네.
예감 어린 욕망을 품고
그들은 낫기를 소망하나니 –
그대, 그녀, 성스러운 존재를
충실한 가슴에 안으시길.

쓰라린 고통 속에 작열하며
스스로를 태우는 수많은 사람들,
이 세상에서 도망쳐
그대에게 몸을 향했나이다.
그들은 수많은 궁핍과 고통 속에서
도움을 받으려 우리에게 나타났던 이들이오니 –
이제 우리 그들이 있는 곳으로 가
영원히 머물고자 하나이다.

이제 누구의 무덤에도
고통에 겨워 우는 사람 없네, 사랑의 신앙 있다면
사람의 감미로운 소유물은
아무에게도 빼앗기지는 않네 –
그의 그리움을 덜어 주고자,
밤이 그를 감격시킨 거라네 –
충실한 천상의 어린아이들이
그의 마음을 지켜 준다네.

자신 있게, 삶은
영원한 삶을 향해 나아가도다.
내면의 불꽃에서 넓게 확장되어
우리 감각은 변용되네.
별들의 세상은
황금빛 생명의 포도주로 녹아내려,
그것을 누린 우리는
빛나는 별이 되리라.

사랑은 자유로워져,
더 이상 이별은 없네.

충만한 삶이
무한한 바다처럼 넘실대는구나.
오직 단 하나의 환희의 밤—
오직 단 하나의 영원한 시—
우리 모두의 태양에
신의 얼굴이 있구나.

제6찬가

죽음을 향한 동경

고통의 진노와 거친 시련은
빛의 왕국에서 벗어나,
저 아래 대지의 모태 속으로 가는,
기쁜 출발의 징표라네.
우리는 좁은 배를 타고
재빠르게 천상의 물가에 닿는다네.

영원한 밤이여 찬양받을지니,
영원한 잠이여 찬양을 받을지니.
대낮은 우리 몸을 따뜻하게 해 주었으나
오랜 근심은 마음을 시들게 하여,
타향을 향한 욕망은 꺼져 버렸으니,
이제 우리 아버지 집으로 돌아가고자 하네.
이승에서야,
우리의 사랑과 충실함이 무슨 의미가 있으랴.

옛것이 외면받는데
새것을 어디에 쓰겠는가.
뜨겁고 경건하게 태고를 사랑하는 자
오! 고독하고 우울하여라.
감각들이 환하고
높은 불길로 타오르던 태고에,
인간들이 아버지의 손과 얼굴을
아직 알아보던 태고에,
고귀한 감각을 가진, 천진하게
그의 원상(原象)을 닮은 자들이 많았거늘.

한층 풍부하게 꽃피고
태초의 종족들이 뽐내던 태고에,
어린아이들이 천국에 들고자
고통과 죽음을 갈구하던 태고에,
아무리 욕망과 삶을 말할지라도,
사랑을 위해 미어지는 가슴 많았거늘.

젊음의 불길 속에

신이 스스로를 드러내던 태고에,
사랑의 용기를 위해 때 이른 죽음에
그 달콤한 생명을 바치던 태고에,
공포도 고통도 마다하지 않으며,
오직 우리에게 충실하고자 했거늘.

공허한 동경으로 바라보니
태고가 어두운 밤에 파묻혀 있음을 보네.
이 시간성 속에서는 결코
뜨거운 갈증이 풀리지 않으리.
우리는 이 성스러운 시간을 보기 위해
고향으로 돌아가야만 하리.

무엇이 우리의 귀환을 막는가,
가장 사랑스러운 자들은 이미 쉬고 있는데,
그들의 무덤이 우리 삶의 여정을 끝맺으니,
이제 우리는 고통스럽고 불안하리.
더 이상 아무것도 찾을 수 없으니 –
가슴은 충만하고, 세계는 텅 비었네.

무한하고 비밀스럽게
달콤한 전율이 우리를 관통하네—
깊고 먼 곳으로부터
우리 슬픔의 메아리가 울리는 듯하네.
사랑스러운 자들 역시 동경하네,
동경의 숨결이 우리에게 보내는 것을 보니.

저 아래 사랑스러운 신부에게로,
사랑받는 자, 예수에게로 가자—
사랑하는 이들, 슬퍼하는 이들에게
평화롭게 땅거미가 지네.
하나의 꿈이 우리의 속박을 부수고
아버지의 품으로 우리를 가라앉히네.

3부
성가
Die geistliche Lieder

제1성가

당신이 없었다면 제가 무엇이었을까요?
당신이 없었다면 제가 무엇인들 될 수 있었을까요?
공포와 불안에 싸여
저는 넓은 세상 위에 홀로 서 있겠지요.
무엇을 사랑해야 할지 아무것도 몰랐을 것이며,
미래는 하나의 어두운 심연이었을 터.
그러니 제 마음 깊은 슬픔에 싸여,
누구에게 제 근심을 알릴 수 있었을까요?

외로이 사랑과 동경에 사로잡히고,
낮은 제겐 밤으로 둔갑되어
저는 오직 뜨거운 눈물로
생의 거친 흐름을 따랐겠지요.
저는 혼란 속에서 불안을,
절망적인 비애감을 집에서 발견했을 텐데.
천상(天上)에 친구 없는 자
그 누가 지상에서 견뎌 낼까요?

그리스도께서 제게 왕림하시어
비로소 그분을 확신하자,
정녕 밝은 삶이 그 무한한 어둠을
얼마나 빨리 빨아들이는가.
그분과 더불어 비로소 저는 인간이 되었나니
운명은 그분에 의해 변용되어,
인도는 북방에서조차
그 연인 주변에서 피어나야 하리.

삶은 사랑의 시간이 되고,
전 세계는 사랑과 쾌락을 말하는구나.
모든 상처를 치료하는 성스러운 약초가 자라나고
모든 가슴은 자유와 충만감으로 고동치는구나.
모두를 위한 그분의 수천 가지 선물의 보답으로
저는 그분의 겸손한 아이로 남아
오직 둘만 모여도
정녕 그분을 우리 품에 안으리라.

오! 모든 길로 나아가,

방황하는 사람들을 이리 데리고 와서,
각자에게 그대들의 손을 내밀어,
즐거이 우리에게 초대하라.
천상은 지상 위 우리에게 있고,
믿음 속에서 우리는 천상을 직관하리.
우리와 더불어 신앙을 갖게 된 방황하는 자들에게도
그분은 마음의 문을 여노라.

오래고 무거운 죄악에 대한 망령이
우리 마음에 꼭 매여 있었구나.
우리는 후회와 쾌락으로 몸을 태운 채,
장님과도 같이 밤 속을 헤매었노라.
모든 업적은 우리에게 범죄로 보였고,
인간은 신의 적이 된 것처럼 보였으며
천상은 오로지 죽음과 고통에 대해서만
말했다고 우리에게 말하려는 듯이 보인다.

생의 풍요로운 근원인 마음속에는
하나의 악한 존재가 기생했구나.
우리의 정신이 맑아져 봤자,

얻는 것이라야 불안뿐이구나.
전율하는 포로들을 철 띠로
지상에 꼭 묶어 버렸다니,
죽음의 목 베는 칼에 대한 공포는
남은 희망을 삼켜 버렸다.

그때 구세주요, 해방자요,
사랑과 능력으로 충만한 인간의 아들이 와서
우리의 마음속에 한껏 생기를 주는
불을 피워 올렸노라.
비로소 우리는 우리의 옛 아버지의 나라인,
천상이 열려 있음을 보았고,
우리는 믿음과 희망을 바랄 수 있었고,
우리가 하느님과 비슷하다는 것을 느꼈노라.

그 이후 죄악은 우리들에게서 사라졌고,
발걸음은 즐거워졌노라.
우리는 가장 아름다운 축하 선물로
어린아이들에게 이러한 신앙을 함께 주었노라.
신앙으로 인해 인생은 복스러운 꿈처럼

성스러이 지나가게 되었고
영원한 사랑과 쾌락이 주어진 가운데
우리는 작별을 거의 몰랐노라.

성스러운 그분은 이곳에
경이로운 광휘 속에 아직도 서 있구나.
그분의 가시 면류관과 신의에
감격하여 우리는 눈물을 흘리노라.
모든 사람은 우리를 환영하고,
그분은 손으로 우리를 포옹하사
그분의 마음속으로 함께 받아들이시어,
낙원의 과일로 익어 가게 하는구나.

제2성가

먼 동방에 빛이 밝아 오고
늙은 시대는 젊어지니
밝은 빛깔의 샘으로부터
한참 동안 깊이 들이마시라!
오래된 동경의 신성한 성취여,
신성한 변용 속 달콤한 사랑이여!

모든 천상의 축복받은 아이는
마침내 지상으로 내려와,
노래 속에 창조하듯 다시 지상에
생의 바람이 불게 하고
오랫동안 먼지처럼 흩날리던 불꽃들이
새롭고 영원히 빛나는 격정으로 이곳으로 불어오는구나.

분묘로부터 도처에서
새로운 생명, 새로운 피가 솟는구나.

우리에게 영원한 평화를 세워 주기 위해
그분은 생의 강물 속에 잠기시도다.
모든 소망이 그 한가운데서 한 줌 가득
사랑스럽게 현존하는구나.

그분의 부드러운 눈길을
그대의 영혼 깊숙이 흐르도록 하여
그대는 그분의 영원한 행복에 사로잡힌
그대 자신을 바라보게 되리라.
모든 마음과 정신, 감각은
하나의 새로운 춤을 추기 시작하리라.

대담하게 그분의 두 손을 잡고서
제 마음속에 그분의 용모를 새겨 두고서
언제나 그대를 그분에게 향하게 하여
태양 빛에 꽃을 피우게 할지니
그대의 온 마음을 그분에게 보여 준다면,
그분은 충실한 부인처럼 그대의 소유로 남으리라.

그녀는 이제 우리 것이 되었고,

우리를 종종 놀라게 하는 신성(神性)이
남쪽과 북쪽에서 천상의 새싹을
급히 깨우는구나.
그리하여 풍요로운 신의 정원에서
모든 꽃봉오리와 꽃이 우리를 기다리리라.

제3성가

외로이 그분의 작은 방에 앉아
무겁고도 쓰라린 눈물을 흘리는 자,
오직 곤경과 비탄에 얼룩진 자에게
이웃의 정이 주위에서 생기려니.

지나간 시대의 영상을 꿰뚫는 자,
나락을 깊숙이 바라보듯
사방에서 생긴 달콤한 고통이
그 속, 저 아래로 그분을 이끄는구나.

그것은 마치 놀라운 보고(寶庫)로서
그분을 위해 저 아래 쌓여 있나니
그분은 긴장된 마음으로
거친 흥분 속에서 그 성(城)을 향해 손을 내미는구나.

미래는 황량한 불모 속에 그분 앞에
엄청나게 멀고 불안스럽게 놓여 있구나.

그분은 주위를 혼자서 방황하며,
열렬히 자기 자신을 찾는구나.

저는 울면서 그분의 팔에 쓰러졌는데,
저도 그대처럼 예전에 기분이 좋았지요.
여하튼 저는 저의 비탄으로부터 치유되었고,
그래서 이제 우리가 영원히 쉴 곳을 알고 있노라.

마음속으로 사랑했고, 괴로워하다 죽은
한 존재가 제게 그랬던 것처럼 그대를 위로했으리.
그분은 가장 고통스럽게 군 자들을 위하여
스스로 수많은 기쁨을 안고 죽었도다.

그분은 죽었지만 매일
그대는 그분의 사랑과 그분을 느끼며,
각자 처한 상황 속에서 위로를 받고
그분을 부드럽게 품에 안을 수 있으리라.

그분과 더불어 새로운 피와 생명이
그대의 죽어 버린 사지(四肢)로 흘러들었으리라.

그대가 그분에게 그대의 마음을 주었다면
그분의 마음 역시 영원히 그대 것이 되리라.

그대가 잃었던 것을 그분이 발견하였으니,
그대는 그대가 사랑했던 것을 그분에게서 만나리라.
그분의 손이 그대에게 다시 준 것은
그대와 함께 영원히 결합된 채 남으리라.

제4성가

내가 삶에서 발견했던
그 수많은 즐거운 시간 중에서
유일한 순간이 내게 충실하게 남아 있노라.
그 순간은 수많은 고통 속에서
누가 우리를 위해 죽었는지를
내가 마음속에서 경험하는 시간이었노라.

내 세계는 내게서 파괴되어 버렸고,
한 마리 벌레에 찔릴 때처럼
마음과 꽃들이 나에게 시들었노라.
내 생의 전체적인 소유물인
모든 소원은 내 무덤 속에 놓여 있었나니.
고통스러워하며 나는 아직도 이곳에 있었노라.

내가 홀로 병이 들어
영원히 울며 갈구하고 갈망했나니,
그리하여 오직 불안과 망상에 직면하고 있었노라.

나에게 갑자기 위로부터인 듯
그 무덤의 돌이 들어 올려졌고
내 마음이 트였노라.

내가 누구를 보았고, 그분의 손길에서
누구를 탐지하였는가를 아무도 묻지 않노니
영원히 나는 이것만을 보리라.
그리하여 모든 삶의 시간 중에
오로지 그 순간만이 나의 상처처럼
영원히 더 밝고 열린 채로 남았노라.

제5성가

내게 오직 그분만 있다면,
그분이 오직 나의 것이라면,
내 마음이 무덤에 갈 때까지
그분의 신의를 결코 잊지 않는다면,
나는 고통에 대해 아무것도 모른 채
추억과 사랑, 기쁨만을 느끼리라.

내게 오직 그분만 있다면,
내 모든 것을 기꺼이 내버려두고,
내 여행 지팡이를 따라
오직 성실하게 내 주님만 생각하리.
다른 이들로 하여금 조용히
넓고 밝고 충만한 길을 가도록 하리라.

내게 오직 그분만 있다면,
내 즐겁게 잠이 들고,
그분의 마음의 강물은 영원히

내게 달콤한 청량음료가 되어,
부드러운 꼭지를 가진 그 음료만 있으면
모든 것은 부드러워지고 성취되리라.

내게 오직 그분만 있다면
나 역시 세상을 가지리니,
성처녀의 면사포를 쥐고 있는
천상 소년과 같이 복되게,
달관 속에 잠겨 있노라면
지상적인 것에 대해 두려울 게 없으리라.

오직 그분이 계신 곳만이
그곳이 내 아버지의 나라이니라.
손안의 상속분처럼
모든 선물은 내게 귀속되리.
오래전에 행방불명된 형제들을
나는 그 젊은이들 속에서 다시 발견하노라.

제6성가

설령 모든 사람이 당신을 저버릴지라도
저만은 당신에게 충실하리니.
그래야 지상에서 감사하는 마음이
결코 사라지지 않으리.

저를 대신하여 고통이 당신을 엄습했고
당신이 저 대신 고통 속에 빠졌노라.
하여 저는 당신에게 기쁜 마음으로
영원히 이러한 마음을 주겠노라.

당신께서 돌아가신 것에 대해
저는 종종 몹시 울지 않을 도리가 없었고,
그리고 당신의 많은 사람들이
당신을 종신토록 잊었노라.
오직 사랑에만 몰두한 채
당신은 많은 일을 해냈고,
게다가 당신은 돌아가셨는데도

어느 누구도 그것을 생각하지 못하노라.

당신은 헌신적인 사랑에 충만하여
여전히 모든 사람 곁에 임하였노라.
비록 누구 하나 당신께 머무르지 않지만
당신께선 충실히 머무시나니.
그 가장 충실한 사랑이 승리하여,
결국 우리는 그 사랑을 느끼니,
당신의 무릎에 어린아이처럼 엎드려
슬피 울며 매달리노라.

저는 당신을 느껴 왔나니
오! 저에게서 떠나지 말아 주소서.
저를 마음속으로 연결되게 하셔서
영원히 당신과 함께 있게 해 주시옵소서.
후일 저의 형제들은 다시금
천상을 향하여 직시하며,
사랑스럽게 가라앉아
당신의 가슴에 엎드리노라.

제7성가

몇몇 사람만이
사랑의 비밀을 알고 있으며,
채워지지 않는 허기와
영원한 갈증을 느끼네.
최후의 만찬의
신적인 의미는
지상의 감각을 지닌 것들에겐 수수께끼이리라.
그러나 뜨겁고 사랑받던 입술로부터
생명의 숨결을
빨아들이던 자 있었는데,
그자에게는 성스러운 불길이
흔들거리는 물결 속에서 마음을 녹였고,
진상이 분명해지고,
그 깊이를 알 수 없는 천상의 심연을
측정할 수 있는 눈이
열린 사람은
그분의 육체를 먹고

그분의 피를 마시리라,
영원히.

누가 지상의 육체의
고귀한 의미를 헤아려 왔는가?
누가 피를 알고 있다고
말할 수 있을 것인가?
언젠가는 모든 육체는
하나의 육체가 되리라.
그 복된 쌍은
성스러운 피 속에서 헤엄치리라.
오! 대양은 벌써
붉어졌고,
향긋한 육욕 속으로
암석이 부풀어 오르는구나!
그 달콤한 식사는 결코 끝나지 않고
사랑은 결코 만족하지 못하리라.
아무리 그들이 사랑하는 사람을 옆에 둔다 해도
진심으로나 자발적으로나 충분치 못하리라.
향유되었던 것은

점점 부드러워지는 입술에 의해
더 내면으로 그리고 더 가까이 변화되어 가리.
보다 뜨거운 희열이
영혼을 꿰뚫어 흐르고
마음은 더욱
목마르고 굶주리게 되리.
그리하여 사랑의 향락은
영원에서 영원으로 지속하리라.
사려 깊은 자들이 한번
경험해 보았더라면
그들은 만사를 제치고
결코 텅 비지 않을
동경의 식탁에
우리 곁에 모여 앉으리.
그들은 사랑의
무한한 충만감을 깨닫고
육체와 피의
자양(滋養)을 찬양하노라.

제8성가

나는 울어야만 하고, 언제나 울어야만 하니
그가 언젠가 한번 먼 곳으로부터
내게 나타날지 모르리.
성스러운 비애여! 영원히
나의 고통, 나의 눈물은 존속하리니
나는 바로 마비된 듯 이곳에 있고 싶구나.

영원히 나는 그분이 오직 고통스러워하는 것을 보고,
영원히 애원하듯 그분이 떠나가는 것을 보노라.
오! 이 마음이 미어지지 않도록
나의 눈은 감기지를 않는구나.
나는 완전히 흐느껴 울
이런 행복마저도 가질 자격이 없노라.

대체 모든 사람 중 울지 않은 자 누가 있으랴?
그분의 이름이 그렇게 사라져 가야만 하는가?
세계는 갑작스럽게 죽어 있는가?

나는 결코 그의 눈에서
다시 사랑과 생을 빨아들일 수 없는 건가?
그분은 이제 영원히 죽은 것인가?

죽음, 그것은 뭐라 부를 수 있고, 뭐라 불러야 하는가?
오! 그러니 내게 너희들의 지혜를 말해 주고,
내게 그 의미를 말해 다오.
그분은 말이 없고, 그리고 모두가 침묵을 지키니,
어느 누구도 지상에서 보여 줄 수 없으리라,
어디서 내 마음이 그를 발견할 수 있는가를.

나는 이곳 지상 그 어디에서도
언젠가 다시 행복해질 수 없을 것이며,
모든 것은 하나의 황량한 꿈이로구나.
나 역시 그와 작별하였고,
정녕 그분과 더불어 평화 속에
저 지하 공간에 누워 있노라.

당신, 그의 아버지며 저의 아버지시여,
저의 사지를 모아서

어서 그분의 사지로 만들어 주오.
그분의 이 동산은 곧 푸르게 서 있을 것이오.
그리하여 바람이 그 동산 위로 스쳐 불어,
그 모습을 부패시키리라.

만약 그들이 그분의 사랑을 알았다면
모든 사람들은 기독교인이 될 것이며,
모든 다른 것을 그대로 내버려둘 텐데.
모든 그들이 오직 그 유일자만을 사랑하고
모든 이들 나와 함께 울며
슬픈 고통 속에 스러질 텐데.

제9성가

그분이 살아 있으며 또 부활했다는 것을,
그리고 그분이 우리 가운데 거동하여
영원히 우리 곁에 존재하심을
나는 모든 자들에게 말하노라.

나는 모두에게 그것을 말하고, 모두는 그것을
그의 친구들에게 바로 말하리,
새로운 천국이
곧 모든 곳에 생겨날 것임을.

이제 세계는 아버지의 나라처럼
비로소 새로운 의미로 나타나노니,
우리는 그분의 손에 매혹되어
새로운 삶을 영위하노라.

저 아래 깊은 바다 속으로
죽음의 공포가 가라앉으니,

이제 모든 사람은 쉽사리 밝고 숭고하게
미래를 바라볼 수 있도다.

그분이 들어선 어두운 길은
천상으로 나아갈 것이니,
그분의 충고에 귀를 기울이는 자만이
아버지의 집으로 들어가리라.

이제 어느 누구도 더 이상 울지 않고,
유일자가 눈을 감으면,
재회함으로써, 늦건 이르건 간에
이러한 고통은 달콤해지리라.

모든 선행을 위해
각자는 더 새롭게 타오를 수 있으리.
그분에겐 이런 낟알이 장엄하게
더 아름다운 들녘에 피기 때문이리라.

모든 것이 우리를 떠난다 해도
그분은 살아 우리 곁에 있게 되리니!

정녕 이런 날 세계가 회춘하는 축제가
우리에게 있어야 하나니.

제10성가

그렇게도 불안한 시대가 있고,
그렇게도 침울한 기분이 존재하는데,
그때 모든 것은 멀리서
유령처럼 나타나리.

광포한 공포가
불안스레 슬그머니 기어오고,
깊은 밤은 그 영혼을
대단히 무겁게 뒤덮는구나.

안전한 지지대가 흔들리고
확신의 지지대도 없으니,
사색의 혼란은
의지대로 되지 않는구나.

광란이 다가와서는
저항할 수 없도록 유혹하는구나.

생명의 맥박은 멈추고
이제 모든 감각은 무뎌졌구나.

모두의 마음을 보호하기 위해
누가 십자가를 짊어졌던가?
저 위 천상에 사는 누군가가
불안과 고통 속에서 도움을 주는가?

기적의 부족에게 가서,
조용한 동경에 자리를 마련해 주리라.
그곳으로부터 불꽃이 하나 나와
무거운 꿈을 삼키리라.

한 천사가 너를 다시 해변으로
끌어내 구원하고,
기쁨에 차 찬양받는 나라를
내려다보리라.

제11성가

그분이 나를 그분의 기쁨이라 칭하고,
마치 내가 그분의 것인 듯 내게 머문다면,
내가 무엇을 구할 수 있는지를,
저 사랑스러운 존재가 나의 것임을 알지 못하리.

그리하여 많은 사람들, 사방으로 가
험악하게 찡그린 얼굴로 찾으니,
그들은 언제나 자신을 영리한 자라 칭하면서도
이러한 보고(寶庫)를 정녕 알지 못하도다.

유일자는 그분이 깨달았다고,
그분이 가지고 있는 것이 바로 황금이라고 생각하리.
그분은 전 세계를 순방하고파 하고
바로 명성만이 그분의 보답이 되리.

그분은 승리의 왕관을 얻으려 뛰며
하나의 월계관을 얻으려 하는 자이나,

모두는 갖가지 화려함에 속아
어느 누구도 만족하지 못하리라.

그분이 너희들에게 알리지 않았던가?
그대들은 누가 그대들을 위해 죽었는지 잊었는가?
누가 이런 통렬한 고통 속에서 무시당하면서도
우리를 이러한 삶으로부터 사랑으로 부드러워지게 했는가?

그대들은 그분에 대해 아무것도 읽지 않았고
그분에 대한 가련한 말을 듣지 못했는가?
그분은 얼마나 신비스럽게 우리에게 선하셨던가?
그리고 우리에게 어떠한 재산을 주었던가?

가장 아름다운 어머님의 고귀한 아들이,
어떻게 천상에서 강림했는가?
세계는 그분에게서 어떤 말을 받아들였으며
얼마나 많은 사람이 그분을 통해서 치유되었던가?

그분은 얼마나 사랑으로 활동하고

정녕 우리에게 헌신하여,
그리고 신시(神市)의 주춧돌을 놓기 위해
지상으로 강림하시지 않았는가?

이러한 통지는 그대들을 감동시킬 수 없고,
한 인간으로 그대들에게 충분하지 않으며,
그대들을 위해 나락을 부순 자
그분에게 그대들은 그대들의 문을 열어 주지 않았지?

그분이 그대들에게 은총을 약속할 때
기꺼이 그대들의 욕망을 버릴 줄 알며
그대들의 마음을 지키고,
그대들은 기꺼이 모든 것을 내버려두지 않겠지?

저를 받아들여 주기를, 당신 사랑의 영웅이여!
당신은 저의 생명, 저의 세계이니
지상의 아무것도 저에게 남지 않는다 해도
누가 저를 해(害) 없이 지켜 주는가를 압니다.

당신은 제가 사랑하는 사람들을 돌려주고,

당신은 저에게 영원히 충실하게 남아
정녕 천상이 가라앉는다 해도
당신은 내 곁에 계시나이다.

제12성가

전 세계의 위안이신 당신은 어디 있나이까?
손님 맞을 준비는 벌써 오래전에 이루어졌네.
모든 이가 갈망하듯 당신을 바라보니,
그리고 당신의 축복에 스스로를 여네.

아버지, 그분과 함께 있는 즐거움을 충분히 누리시고,
그분을 당신의 품에서 내려 주시기를.
오직 무죄와 사랑, 달콤한 부끄러움으로,
그분이 머지않아 오시도록 그분을 붙잡아 주시길.

그분을 당신으로부터 우리의 품 안으로 넘겨,
그분이 당신의 입김으로 따뜻해지기를.
무거운 구름 속에서 그분을 거두어
그분을 지상으로 끌어내려 주시기를.

서늘한 강물에 그분을 띄워 보내고
그분이 불꽃 속에서 타올라

공기와 기름 속에, 음조(音調)와 이슬 속에서
그분이 우리 지상의 집에 스며들게 하나니.

그리하여 성스러운 투쟁이 이루어지고
그리하여 지옥의 원한이 사그라지고,
그 옛날의 낙원이
영원히 타오르며 온 누리에 나타나리.

대지는 약동하고, 푸르고 생기를 띠며
정신에 가득 차서 모든 이는 구세주를 사랑스럽게
맞으려고 노력하며
온 마음을 그분에게 바치노라.

겨울이 사라지고 새해가
성탄절 제단에 놓여 있네.
이것이야말로 이 아이를 비로소 스스로 맞이할
세계의 최초의 해[年]이리.

눈으로는 정녕 구세주를 쳐다보고,
그 눈들은 구세주로 가득 차 있으나,

그분의 머리는 꽃으로 장식되어
그분 자신은 그 사이로 성스럽게 바라다보네.

그분은 별이고, 그분은 태양이며
그분은 영원한 생명의 샘이니,
잎사귀와 돌과 바다와 빛으로부터
그분의 천진난만한 용모가 아물거리네.

모든 사물 속엔 그분의 순진한 행위가 있나니,
그분의 뜨거운 사랑은 결코 가라앉지 않을 것이며,
그분은 무의식적으로 무한히
모든 자의 가슴속에 꼭 달라붙어 있구나.

우리에게는 신이며, 스스로에게는 어린아이인
그분은 우리를 온 마음으로 사랑하니,
우리의 음식물과 음료수가 되어
충실한 감각은 그분에게 가장 사랑스러운 감사이리.

불행은 점점 자라서
음울한 회한이 우리를 매우 압박하니,

아버지시여, 사랑하는 그분을 가게 해 주시면
당신께서 우리와 함께 다시 그분을 보게 되겠지요.

제13성가

불안하고 근심스러운 시간에
우리 마음이 거의 의기소침해질 때,
병으로부터 극복되었지만 아직 남아 있는 불안감이
우리의 마음을 갉아 먹을 때,
우리는 충실한 연인이 어떻게 회한과 비애를
극복했는가를 생각하지만,
어떤 희망의 광선도 뚫지 못하는
구름이 우리의 눈길을 제약하는구나.

오! 하느님이 저 너머에서 내려다보실 때
그분의 사랑이 우리에게 가까이 다가오고,
우리는 그때 저 너머를 동경하고
그분의 천사가 우리들 앞에 서 있구나.
신선한 생명의 술잔을 가져와,
우리에게 용기와 위로를 속삭이니,
하여 우리는 사랑하는 이의 안식을 위해
헛된 기도를 하는 게 아닐지니.

제14성가

언젠가 어머님인 당신을 쳐다본 자는
타락으로 결코 유혹받지 않으리.
당신과의 이별은 그분을 슬프게 하며,
영원히 그분은 당신을 열렬히 사랑할 것이며,
당신의 은혜의 추억은
그분의 영혼의 최고의 감흥으로 남으리.

저는 진정 당신과 함께 그것을 훌륭하게 생각하나니,
제게 주어진 것을, 당신은 제게서 보십니다.
사랑스러운 어머니시여, 너그러워져서
저에게 한번 즐거운 조짐을 보여 주시길.
저의 모든 현존재는 당신 속에 잠자고
단지 한순간일지언정 당신은 제 곁에 있습니다.

꿈꿀 때, 종종, 저는 당신을 보았으니
그렇게도 아름답고 그렇게도 부드럽고 고와
당신 품 안의 작은 신은

친구들을 불쌍하게 여겼네.
그러나 당신은 숭고한 눈길을 들더니
저 깊은 저녁노을 속으로 되돌아갔네.

저같이 가난한 자, 당신에게 무엇을 했으리오?
아직도 저는 동경에 차 당신께 기도하니
당신의 성스러운 예배당은
내 삶의 안식처가 아니오?
자비로우신 여왕이시여
이러한 삶을 사는 이 마음을 받아 주시길.

사랑하는 여왕이시여, 당신도 알고 있지요,
정녕 얼마나 제가 당신의 것인지를.
오래전부터 저는 고요 속에서
당신의 성스러움을 경험하지 않았는가요?
제가 거의 저를 의식하지 못했을 때,
저는 벌써 당신의 성스러운 가슴으로부터 모유(母乳)를 빨았지요.

헤아릴 수 없을 만큼 당신은 제 곁에 서 있었고,

어린아이와 같은 쾌락으로 저는 당신을 보았지요.
당신의 어린아이가 제게 손을 내밀어
그리하여 일찍이 그분이 저를 다시 찾을 수 있도록 했지요.
당신은 부드러움으로 가득 찬 미소를 띠었고
제게 키스하셨나니, 오 신비로운 달콤한 순간이여!

이제 성스러운 세계가 멀리 서 있고,
원한은 오랫동안 내게 몰려와서,
저는 슬픔에 싸여 주위를 방황하였고,
대체 제가 왜 그렇게 어렵게 지냈던가요?
순진하게 당신의 옷깃을 느끼게 하옵고,
저를 이 무거운 꿈에서 깨어나게 해 주시기를.

어린아이가 당신의 얼굴을 바라보도록 허락받고,
당신의 도움을 굳게 신뢰한다면,
정녕 나이의 구속을 풀어 주시고,
저를 당신의 자녀로 삼으시길.
어린아이의 사랑과 어린아이의 충실함이
저 황금시대로부터 이제 제 곁에 있게 하소서.

제15성가

사랑스럽게 표현된 마리아시여,
저는 당신을 수천 개의 그림 속에서 보나니,
그러나 그 어떤 그림도 당신을
제 영혼이 당신을 바라보는 것처럼 묘사하지 못하지요.

그 이래로 세계의 혼란이
하나의 꿈처럼 제게서 사라지고,
그리고 정녕 이름할 수 없는 달콤한 천상이
영원히 내 정서(情緖) 속에 있음을 알고 있을 뿐이지요.

해 설

1부 시기별 시 모음집[1)]

여기에 소개된 대개의 시는 특정한 때 쓴 것이고, 여러 가지 문학적 가치가 있다. 공공연하게 매년 찬미되는 어머니의 생일과 같은 순수하게 일상사를 다룬 기회 시[2)]도 있다(19번 〈푼트그루베 아우구스테에게〉, 23번 〈와인 수확에 부쳐〉).

〈와인 수확에 부쳐〉는 하르덴베르크 가족의 상이한 구성원들을 시로 지은 것인데, 이것은 10번 〈펀치를 마시며 부르는 노래〉가 그뤼닝겐의 로켄티엔 집안의 구성원들을

---

1) 1부 해설에 《노발리스 전집》 1권의 서문(373~383쪽)과 주석(661~690쪽)(리하르트 사무엘)을 참고했다.

2) 원어는 'Gelegenheitswerke'인데, 주변에서 일어나는 행사 때 지은 시를 일컫는다.

시화한 것과 같다. 13번 〈시(GEDICHT)〉는 1797년 봄의 배경에 날카롭고 특징적으로 대비되는 아주 우연한 사건과 관련되어 있다. 이 시는 혼합적인 알렉산드리아 율격 시행으로 쓰였는데, 시민적인 소도시 생활의 익살맞은 풍속극이다. 한 비평가는 "내적인 필연성은 없지만 대단한 재능이 작품으로 드러났으며, 다른 한편 취약점을 손재주 좋은 호사가로서 드러낸다"고 비판했지만, 저자의 의도와 노발리스가 유스트 부부와 맺고 있는 관계의 본질을 오해한 것이다. 〈펀치를 마시며 부르는 노래〉는 또다시 일련의 '빈약한' 시행들이 들어 있지만, 그럼에도 문학의 수호신이 바로 제1연에서 등장하고, 끝부분에서, 특히 제10연과 11연에서 노발리스의 문학적 사유와 느낌을 암시해 놓았다. 유사한 것이 조피의 생일에 맞춰져 있는 6번 〈토요일 저녁에〉와 9번 〈조피의 생일에 부쳐〉다. 〈토요일 저녁에〉는 놀라움의 경험, 22세의 젊은이에게서 벌어진 내적인 변화에 대한 비(非)-믿음-소망(Nicht-Glauben-Wollen)의 경험을 담고 있다. 〈토요일 저녁에〉의 톤은 바로 앞의 시 〈시작〉(5번)과는 아주 대조적인데, 그럼에도 동일한 경험에 기초해 있다. 〈시작〉은 조피와의 만남을 도취적인 냉정함 속에서 형이상학적으로 해석하려고 시도한 반면에, 〈토요일 저녁에〉는 과거의 죄와 생각의 경솔함의 고해인데, 그것은 몇 주 후의 생일 시 〈조피의 생일에 부쳐〉 3연에서 다음과 같이 장엄하게 확실해진다.

이제 내가 가지고 있는 것,
내가 생각하고 느끼는 것, 나는 당신에게 속하리.
그리고 그대는 내 운명의 모든 선물을
그대를 위해 받아들이지.
내가 추구했던 것을, 나는 발견했지.
내가 발견한 것, 그것이 또한 나를 발견했지.
그리고 내 시간의 채찍이
회의벽과 경솔함을 부드러워지게 했네.

그에 반해, 카롤리네 유스트에게 보내는 시(7번 〈카롤리네 유스트에게〉와 11번 〈카롤리네 유스트에게 보내는 대답〉)이 진지하고 숙고적이라면, 그보다 다섯 살 더 많은 그녀가 열 살 아래인 조피—그녀에게는 경쾌한 노래들이 바쳐졌다—보다 더 예민한 감각을 가졌을 것이라는 사실에 유념해야 한다.

14번 〈이방인〉은 네 번째 생일 시다. 이미 여러 생일 시에서 본 대로 노발리스에게 생일은 특별한 의미를 갖는다는 것을 알 수 있다. 노발리스는 가족생활의 본질적인 구성 요소라고 여기고 유머러스하거나 혹은 진지하게 묘사했던 가족의 통일과 공동체의 정수를 육화했다. 프라우 폰 카르펜티어의 생일 시인 〈이방인〉에서는 노발리스의 총체적인 경험이 관습적인 시행(10행)으로 나타났으며, 그것은 조피의 생일 시의 결미에서 "예언적으로" 묘사되었다. 노발리스가 이방인 체험에 대해서 고대의 비가적인 운율만을 찾아낸 것은 분명하며, 이것은 예전에 〈시작〉에서, 또 좀 더 뒤에 〈죽어 가는 수호신〉(15번 연작 시 〈꽃들〉의 일부)에서도 마찬가지다. 노발리스가 〈이방인〉에서 손님과 시인을 서로 구분한 것은 의미심장한 일이다. 시인은 삶의 목적이 되었던 '위대한 생일'을 동경한다. 그에 반해, 〈죽어 가는 수호신〉은 아주 개별적인 시인데—루이제 왕비의 가치인 '기회'가 단순한 동기다—그것은 전환, 즉 제2의 사랑으로의 전향이다. 이것은 그러고 나서 자기 인식의 과제로(17번 〈너 자신을 알라〉, 18번 〈마지막 사랑〉)의 해석으로, 끝으로 이 지상에서의 낯설음의 해방, '자기 발견'(20번 〈피곤한 이방인이 사라졌네〉의 7~8행)으로 이어진다. 고대의 운율, 연(連) 구성과 2행시로 이루어져 있는 프라이베르크 시절의 시와 고찰들은 《자이스의 제자들》과 관련해서, 또 1798년 2월 24일자 아우구스트 빌헬름 슐레겔의 글에 대한 언급과 관련해서 읽고 이해해야 한다.

나는 앞으로는 다름 아닌 시를 추구할 것이다 – 학문은 모두 시화되어야 한다 – 나는 귀하와 이러한 사실적인, 학문적인 시에 대해서 이야기 나누길 바란다. 그것에 대한 주제는 나의 단장(斷章)인 《꽃가루》에서의 종교의 이념이다.

마지막 개별 시들은 다시 개별적인 국면에서 내세의 추구를 반영하는데, 그것은 연작(連作)과 소설 《푸른 꽃》에서 객관화되었고, 야코프 뵈메의 사상이 주었던 확신을 통해 강화되었다. 처음엔 다시 관습적인 기회 시가 존재했다. 그는 다시 사랑스러운 홍소로 어머니와 만난다. 23번 〈와인 수확에 부쳐〉에서 와인 통의 비유는 억지로 꾸민 듯 보인다. 아주 탁월한 민첩성에도 불구하고 자기 조롱 같은 것이 실수로 저질러졌다. 그는 미래를 표출할 줄 아는데, "왜냐하면 그것에 대해, 사랑하는 사람들이여 / 나는 한 명의 작가 혹은 시인이라고 부르려 하오"(51~52행)

에서 드러난다. 그리고 운율[3)]을 맞췄는데, 그것은 시카네더[4)]의 〈마술피리〉가 여기서 영향을 미쳤다는 것을 암시한다. 그 시는 또 《푸른 꽃》에서 로코코의 저 마지막 후예와 내적인 연관을 맺고 있다. 이른바 〈와인 노래〉에는 "우리에게 천국을 가져다주는 신은, / 푸른 산에서 태어난다네"[5)]로, 〈소녀들의 탄식〉에는 "우리는 괴로운 존재가 아닌가?"[6)]로 시작하는 시가 있는데, 두 노래 모두 아우구스부르크에서의 축제 동안 불리며, 축제적인 〈와인 수확에 부

---

3)원문 53~56행을 보면, 53행(번역 시에서는 54행)의 "작은 포도송이(Träubchen)"와 55행의 "한 처자(ein Weibchen)"에서 '-chen'으로 운을 맞췄다. 원문은 다음과 같다. "Ihr denkt wohl gar ich sei ein Träuchen, … Ich bin's zufrieden, wenn ein Weibchen."

4) 에마누엘 시카네더(Emanuel Schikaneder, 1751~1812)는 〈마술피리(Zauberflöte)〉의 연출자다.

5) 《푸른 꽃》 6장에서 시인 클링조르가 부른 와인과 관련된 민요다. 원문은 다음과 같다. "Auf grünen bergen wird geboren, / Der Gott, der uns den Himmel bringt."

6) 같은 책 6장, 같은 곳에서 슈바닝이 소녀들의 탄식에 대해 부르는 노래다. 원문은 다음과 같다. "Sind wir nicht geplagte Wesen?"

쳐〉와 같은 시기에 구상되었음 직하다. 단어들의 울림이 잘 어우러지며, 단지 두 노래에서 4음절의 얌부스[7]가 공통적이라는 점만 제외하면. 〈와인 노래〉에는 "그는 헤아릴 수 없는 빛살 속에 / 내적인 삶을 세상에 뿌리네"[8](13~14행)가, 〈와인 수확에 부쳐〉에는 "그대들은 알아야만 하오"(5행), "제대로 영글지 못한 장과들도 있을 테니 / 그것들을 통에 쏟아부어야 한다는 것을 말이오"[9](7~8행)가 있다. 그리고 "오늘은 너희들의 탄식에 대해 생각하지 말거라"라고 시인은 생일 축하 파티에 모인 손님들에게 외친다. 또 "소녀의 탄식은 너무 크다"라고 슈바닝 노인이 익살맞게 말한다.

25번 〈티크에게〉는 야코프 뵈메가 노발리스에게 영향

---

7) 약강격, 단장격을 말한다.

8) 원문은 다음과 같다. "Er sprüzt in ungezählten Strahlen / Sein inneres Leben in die Welt."

9) 원문은 다음과 같다. "Und weil die armen Beeren müssen, / So sprützen sie in's Faß hinein."

을 미쳤던 최초의 문학적 표현이다. 이 시의 수기 제목은 전해지지 않는데, 단지 티크 본인의 인쇄물과 프리드리히 슐레겔이 노발리스의 〈야코프 뵈메에 관해 당신에게 보내는 노래〉에 대해 티크에게 보낸 글을 통해 전해져 온다. 그것은 티크에게 헌정되었는데, 티크가 노발리스에게 야코프 뵈메에게 주목해 볼 것을 권유했기 때문이다. 가장 간단한 형태의 운율인 4행의 얌부스, 4행 1연으로 구성되어 있는 그 시는, 유년의 노인과의 만남, 미래의 과거와의 만남, 아버지의 집에 대한 노력, 신의 심연에 대한 고지, '마지막, 수천 년 된 평화의 제국'이 묘사되어 있다. 제12연에는 "시간이 이곳에 있고, 신비는 더 이상 / 숨겨진 채 있지 못하리"라고 했으며, 14연은 다음과 같다.

신이시여 그대와 함께하시길
그대에게 다가가 그대의 두 눈을 아침 이슬로 씻어 주시리.
충실하게 그 책과 나의 재에 매달려 주시고,
영원한 푸르름 속에서 목욕하시게나.

노발리스는 《파우스트》를 읽은 바 있다.

정령들의 세계가 닫혀 있는 게 아니라,
너의 오관이 닫혀 있고, 네 마음이 죽었노라!
일어나라, 학생들이여, 세속의 병든 가슴을
붉은 아침 햇빛 속에 끊임없이 씻어 내도록 하라![10]

노발리스는 이것을 의식적으로 받아들였지만, 파우스트적인 의미에서는 아니었다. "그대는 (…) 기쁨의 사자가 될 것이오"라고 야코프 뵈메의 "성스러운 입"이 말하는데, 그것은 오래된 책을 파우스트가 노스트라다무스[11]를 파악했던 것과는 아주 다르게 파악했던 것이다. 최초의 서재 장면에서 파우스트의 상황에 대한 대립-평행은 이 시에서만 발견되는 것은 아니다. 이런 상황은 나중에 다시, "지령(地靈)"이 "포박되는" 〈사자(死者)의 노래(Lied der Toten)〉[12] 말미에도 나온다. 우리는 야코프 뵈메가 이 세

---

10) 《파우스트》 443~446행.

11) 파우스트가 극 중에서 노스트라다무스의 신비의 책을 들여다보는 장면(419행 이하)이다.

12) 《푸른 꽃》 2부, 〈속편에 관한 티크의 보고〉에 들어 있으며, 그 마지

상에 보낸 평화의 통보 속에서, 혁명 전쟁의 반향을 노발리스의 에세이인 《기독교 혹은 유럽》에서처럼 반복해서 듣게 된다. 노발리스 창작의 주요 모티브는 이제 '새로운 제국'이며 그 비전은 《푸른 꽃》을 통해서 도출된 것인데, 그것은 시인 자신에게뿐만 아니라, 그에게 신뢰와 헌신을 통해 모범을 보여 주었던 사람들에게도 가장 개별적인 삶의 과제로 부여되었다. 그래서 형제의 "조용한 신뢰"가 그에게 "주변에서 새로운 나라가 형성"될 능력을 준다면(32번 〈카를 폰 하르덴베르크에게〉), 그는 제2의 신부에게 그녀와의 주고받음을 통해서 그녀가 그의 편에 서서 함께 간다면, 그 천상의 제국은 이미 여기서 시작된다는 위안을 약속할 수 있다(29번 〈율리에에게〉). 언제나 다시 "어린아이"(〈카를 폰 하르덴베르크에게〉에서는 "제자")야말로 가장 분명하게 그 비전을 체험하고, "포고"하거나 혹은 "형

막 연은 다음과 같다. "우리를 도와 지령만을 포박한다. / 죽음의 의미를 이해하고 / 생명의 말을 찾는 것을 배운다. / 한번 그대들을 뒤집는구나. / 그대들의 힘은 곧 사라지고 / 그대의 숨겨진 빛은 곧 희미해지리라, / 곧 그대를 포박하리, / 지령이여, 그대의 시간은 다했다."

성"할 수 있다.

거의 성가(聖歌) 수준인 〈율리에에게〉는 가장 단순하고도 가장 아름다운, 이른바 '율리에 노래들'의 종결판이다. 이 노래들은 프라이베르크 시절의 〈마지막 사랑〉(18번)으로 시작된다. "그러니 성지 순례의 끝에서, 한 번 더 다정하게 바라보자"는 노발리스의 인생에서 율리에의 등장을 의미한다. 그는 그녀에게 기쁨으로 마음을 열지만, 그 사랑을 통해 비로소 그가 세계를 경험한 사랑은 조피가 그에게 일깨워 주었던 것이다. 제2의 사랑의 문제성은 언제고 반복해서 '율리에 노래들'에서 감지된다. 봄의 노래(26번 〈초원이 푸르게 물들었네〉)와 여름 노래(27번 〈하늘이 구름에 뒤덮였네〉)에는 그녀가 등장하지 않는다. 봄의 노래는 활기차고 경쾌하다. 톤에서, 상기한 〈소녀들의 탄식〉이 연상된다. 1800년 2월 23일자 티크에게 보내는 편지에서 특징적으로 묘사된, 야코프 뵈메의 작품들의 인상에서 받아들인 것이다. "우리는 그 속에서 강력한 봄을 보는데, 그것은 원천적인, 추동적인, 형성적인, 혼합하는 힘들—내면으로부터 세계를 잉태한 힘들—과 함께한다."[13] 그 모티브는 1800년 2월의 한 단장에서 시작된다.

그것은 봄에 우리를 감격하게 하는 알록달록한 색깔과 유쾌한 톤, 따뜻한 공기가 아니다. 그것은 끝없는 희망의 조용하고 예언적인 정신이며, 다양한 기쁜 말들의, 번영하는 존재의, 그토록 다층적인 자연의 예감이고, 좀 더 고귀한 꽃과 열매의 예감이며, 서로 어울려 뻗어 나가는 세계와의 어렴풋한 교감이다.[14]

이것은 시에서 가장 간단한 어법 속에서 반사되며, 개별적인 것과 관련된다. 이것은 분명하게 〈시작〉에 상응하는 것으로, 새로운 사랑에 대한 놀라움이다. 세계는 변했고, "새로운 나라"가 자연의 변화 속에서 통지되고, 그것은 마침내 한 "친근한 소녀"에서 육화될 때까지 계속된다(26번 〈초원이 푸르게 물들었네〉). 그 놀라움은 익살맞은 후렴구[15]로 표현되는데, 그것은 그 시를 개별적인 연관에서

---

13) 《노발리스 전집》 4권, 322쪽, 33행 계속.

14) 《노발리스 전집》 3권, 650쪽, 제12부 558번.

15) 매 연마다 반복되는 후렴구다. "나는 내게 그런 일이 어떻게 벌어지는지, / 내가 보았던 게 어떻게 될지 알지 못하네."

벗어나 매혹적인 사랑의 노래로 만드는 데 기여한다.

바로 다음에 이어지는 〈하늘이 구름에 뒤덮였네〉는 봄의 활기찬 정조를 연장하는 것처럼 보인다. 결혼 시기가 다가왔다(6연의 "은매화" 참조). 가련한 시인은 분명히 처음에 슬픔에 부식되어 있었는데, 왜냐하면 하늘이 구름에 덮여 있었고, 그에게 그의 소원은 풍요롭게 성취되지 않았기 때문이다. 민요조에 이어, 그는 한 마리 작은 새처럼 연인에게 날아가고 싶지만, 결핍이 그를 지상에 붙잡아 놓는다. 다시 한 아이가 해결책을 가져온다. 그 아이가 그에게 마법의 지팡이를 주는데, 그는 그것으로 "뱀의 여왕"(행운과 부가 육화된)을 달래고, 원하는 방식으로 "이루 말로 다 할 수 없도록 풍요로워"진다. 그 노래의 기원은 그러나 그의 행운에 넓은 그림자를 드리운다. 제2연 뒤에 다음과 같은 구절이 있었다.

아하! 그녀[16)]는 생각했으니,

---

16) 3연에서, "그녀에게 날아가"처럼 율리에와 연관되어 있어 보인다.

내 관념은 나 스스로 이루어야 한다고,
그래서 나는 곧 태연히 다가가
조용한 희망 속에서 쉬었네.

이 구절을 과감히 생략한 것은 직후였는지, 더 나중의 일이었는지(이게 더 확실해 보이는데)는 상관없이 미학적 근거를 가지고 있었으리라 여겨진다. 왜냐하면 그 생략은 가장 개인적인 일로서 율리에에 대한 직접적인 언급을 없애 버린 것이기 때문이다. 그 생략은 또한 그 시의 깊은 의미를 완곡하게 표현하기 위한 것으로 보이기도 한다. "그녀에게 날아가고 싶은" 소원은, 즉 그의 첫사랑−뱀의 여왕으로 등장한다−을 다시 찾고 싶은 마음은 마법의 지팡이에 의해 진정되고, 새로운 사랑에 대한 긍정을 통해 시인을 풍요롭게 만들어 준다.

연인의 슬픔이 또 28번 〈도라 슈토크에게〉의 앞부분을 채우는데, 이 시 역시 '율리에 노래들' 중 하나다. 시의 동기는 율리에의 초상으로, 화가가 신부를 위해 그려 준 것이다. 시인은 "시간"의 본성이 연인의 젊음의 꽃을 영원히 고정해 주는 것을 불가능하게 한다는 사실을 통감한다. 연인은 가까이 있으며, 꽃잎 하나−그 순간의 영원화를 관철해 주고, 그렇게 해서 예술이 시간을 이겨 낼 수 있도록 해 주는—를 가져다준 한 소녀, 즉 화가를 그에게 데려다줌으로써 그를 위로한다(노발리스의 예술관은 여기서 실러를 중심으로 한 그룹 주변에서 다시 한번 형성된다). 이 시의 대부분을 차지하는 우울은 다시 외적인 동기를 넘어선다. 수정되기 전 원본과 비교해 볼 때 보이는 눈에 띄지 않는 변화가 그것을 암시한다. 이 시의 마지막 부분을 인용해 보자.

이제 사랑하는 자여, 그대는 행복하게 감사할 수 있으려나?
그는 신부를 보고, 그 꽃잎을 보네.

그 원본은 다음과 같다.

그 행복한 자는 어떻게 감사해야 하겠는가?
그는 그 꽃잎에 빠져 있네.

노발리스는 왜 "행복한 자"를 색깔이라고는 없는 단어인 "사랑하는 자여, 그대"로 바꾸었으며, 또 "빠져 있네"라는 단어를 색깔이라고는 없는 "보네"로 대체했는가? 그는 그가 푹 빠져 있음의 근거를 화가, 즉 그가 그 시의 최종 원고를 정서해서 보냈던 여류 화가에게, 그리고 어쩌면 율리에에게도 숨기고 싶었을지 모른다.

이러한 슬픔과 의심에 대해서 마지막 '율리에 노래'는 아무것도 보여 주지 않는다. 여기서 두 번째 사랑이 충분히 성취되는데, 그것은 진솔한 신의 사랑 속에서 그리고 상호적인 걱정 속에서 함께 성장하는 것으로부터 비롯된다. 29번 〈율리에에게〉는 《성가》 중 〈제13성가〉의 "불안하고 근심스러운 시간에"[17]와 상응하고, 성가처럼 '율리에 노래들' 중 하나일 수도 있다. 노발리스는 그의 생애 마지막에 율리에에게서 신과 너의 완전한 통일을 "이름할 수 없는 달콤한 천상"으로 체험한다.

호라츠풍의 송가(22번 〈누이 카롤리네에게 어머니의 이름으로〉)를 새로 지었다는 것을 제외하면, 후기 시들 중에서 24번 〈시〉와 31번 〈나는 모든 사람이 살아가는 것을 보네〉는 딱히 기회 시라고 할 수 없는 시들이다. 24번

---

17) 원문은 다음과 같다. "Wenn in bangen trüben Stunden."

〈시〉는 《푸른 꽃》의 국면에 속한다고 볼 수 없지만, 그 정신으로부터, 또 그 연상 속에서 쓰인 것이다. 그 때문에 "그녀"(3행)와 "여군주"(28행)는 조피로 이해될 수도 있다. 이 시의 모티브는 다각적으로 다른 후기 시들과도 관련이 있다. 말하자면, "잃어버렸던 엽서 한 장"은 "더 좋은 나날"을, 술(와인)은 "사랑"과 짝지어지고, "술잔"은 "천진난만한" 술꾼의 성격을 미리 알린다. 노발리스의 문학적 재능, 그의 색채 감각, 부동하는 리듬, 그의 환상적인 형상화 및 상황 설정 능력은 여기서 탁월한 높이와 깊이에 이르렀다.

〈시〉의 제목은 이제 필사본이 발견된 이후로 '시'로 확정되었으며, 그것은 그 자체로 본래 그랬던 것으로 보인다.

덧없는 인생과 찬연한 형상들이
광대하고 공허한 밤을 채우네.

이런 모티브들은 31번 〈나는 모든 사람이 살아가는 것을 보네〉에서도 사용되었다. 야코프 뵈메의 영향이 있었는지에 대한 논란이 있다. 뛰어난 운 맞추기, 수없이 수정

하면서 도달한 단어와 음가의 조율이 돋보인다. 예를 들면, "모든", "많은", "몇몇", "유일자"[18]의 뉘앙스, 첫 연에서의 지배적인 'E' 음, 두 번째 연에서의 'O' 음 등을 보면[19] 능동적인 생활 철학이 암시되는데, 그런 것은 다채로운 삶의 관측 속에서 작가에게 닥치는 것이며, 말하자면 그를 덮쳤던 질병이 그 일례로서 언급될 수 있겠다. 외부로부터의 유사한 관측이 〈제11성가〉(2~4연)를 낳았고, 이 성가에서는 '바보들'과 그들의 덧없는 '향유'가 이 시(〈나는 모든 사람이 살아가는 것을 보네〉)에서보다도 더 날카롭게 드러나 있다. 바보들에게는 종교적인 인간이 인간의 지고한 범례로 보이는 게 아니라(초기 시에서 시인은 이렇게 말했다. "인간은 신이 되어야만 한다!"), "현자"가 힘들게 앞으로 나아가고, 삶의 모순에 대항하고, 시간과 우연의 폭풍에 끊임없이 대항한다(9행, "질풍과 시련"). 그 현자는 이로써 "많은 사람"들에 비해서 "몇몇 사람"들을

---

18) 1연의 "모든 사람"(1행), "많은 사람"(2행), "몇몇 사람"(3행), "유일자"(4행).

19) 'E' 음, 'O' 음의 단어들이 많이 등장한다는 것을 의미한다.

대변한다. 그렇다고 그 현자가 이상적인 것이라고 여기는 것도 아니다. 수많은 사람들의 부유함과 소수의 사람들의 고된 전진 사이에서 종합을 도출해 내는 사람은 "유일자"이며, "가벼운 투쟁을 하면서, 흔들리며 살아"(5행)가는 삶 역시 그에게 주어진다. "유일자"는 더 자세하게 특징지어지지 않는데, 도달 불가능한 그는 절대자, 신이기 때문이 아니겠는가?

시간의 문제는 근본적으로 노발리스가 여기서 몰두하고 다른 후기 시들에서도 봉착하는 문제다. 28번 〈도라 슈토크에게〉에서는 예술가가 시간을 정복하고(7연), "앞으로는"(47행) 영원한 전형을 보게 될 것이다. 25번 〈티크에게〉에서 시간은 "이곳"(45행)에 있으며, 현자는 '아침을 시간 속으로 쇄도해 들어오게' 한다(47~48행). 여기서는 현자의 올바른 행위 속에서 시간은 무상함 속에서 기만당하고, 마침내 "속박을 받게"(31번 〈나는 모든 사람이 살아가는 것을 보네〉 12행) 된다. 시간의 극복으로서의 지상적 삶의 긍정은 "신들"의 삶으로부터 결국－"새로운 나라"(26번 〈초원이 푸르게 물들었네〉 5연) 속에서－시간의 극복과 같은 동일한 목적으로 통한다.

시기별 시 모음집의 역사

노발리스는《밤의 찬가》와《성가》,《푸른 꽃》에 수록된 몇 개의 시들을 통해 시인으로서의 명성을 얻었다. 그에 반해, 그의 시는 몇 개 되지 않고, 어쩌면 극히 적다고 여겨져 왔다. 그 근거는 전집에서 최소한 부분적으로는 성숙한 시기에 쓰인 몇몇 시들이 항상 젊은 시절의 서정시와 뒤섞였기 때문이다(뷜로의《노발리스 전집》3권(1846) 이 출판된 이후로). 파울 클루크혼은 그의 말년에《노발리스 전집》2판에서 '시기별 시 모음집'을 젊은 시절의 시와 분리해서, 이것들에 독자적 가치를 부여하려는 계획을 세웠다. 예전에는 오직 인쇄된 것들을 통해 알려졌던 시들의 자필 원고가 새로 발견되었고, 새로운 전기적 자료들과 다른, 특히 자필 시를 분석한 결과 성숙한 시기의 개별 시들이 작성된 날짜를 확정할 수 있게 되었다. 이 작업은 하인츠 리터의 저서들과 그의 개인적 충고에 의해 촉진되었다. 이후에 발간된 시들은 초기와 후기 등으로 분명하게 나뉘어, 초기는 초기대로, 후기는 후기대로 제대로 파악되어 출판되었다.

'시기별 시 모음집'[20]이라는 개념은 루트비히 티크에 의해 설정되었다. 《노발리스 전집》(1802) 1판 제2권에서 그는 시기에 따라 파트별로 다음 여섯 개의 시를 발표했다. 첫 파트는 25번 〈티크에게〉, 둘째 파트는 32번 〈카를 폰 하르텐 베르크에게〉, 셋째 파트는 4번 〈아돌프 셀름니츠에게〉, 넷째 파트는 31번 〈나는 모든 사람이 살아가는 것을 보네〉, 다섯째와 여섯째 파트는 26번 〈초원이 푸르게 물들었네〉와 27번 〈하늘이 구름에 뒤덮였네〉다. 이 시들은 모두 노발리스의 자필 시라는 게 밝혀졌는데, 첫 파트의 〈티크에게〉를 제외하고 모두 노발리스의 동생인 카를 폰 하르텐베르크로부터 티크에게 양도되었다. 《노발리스 전집》의 4판(1826)에는 그 부록에 연작 시 15번 〈꽃들〉과 14번 〈이방인〉이 첨가되었다. 뷜로는 그 후에 《노발리스 전집》 3권(1846)에 열여덟 개의 새로운 시를 발표했는데, 그 중 아홉 개는 젊은 시절에 쓴 것들이다. 나머지

20) 원어는 'Vermischte Gedichte'로서 직역하면 '혼합된 시'다. 1794년부터 1800년까지의 시를 시기별로 분류한 것을 일컫는다. 본 역서는 이 시들을 1부에 담았다.

아홉 개의 시, 즉 10번 〈펀치를 마시며 부르는 노래〉, 29번 〈율리에에게〉, 18번 〈마지막 사랑〉, 24번 〈시〉, 21번 〈오, 바쿠스여〉, 19번 〈푼트그루베 아우구스테에게〉, 또 1808년에 《푀부스》에서 출간된 8번 〈M과 S〉와 23번 〈와인 수확에 부쳐〉, 28번 〈도라 슈토크에게〉가 이들 젊은 시절의 시들과 뒤섞였다. 1857년 라이머 출판사에서 '노발리스의 시'라는 제목을 달고 나온 최초의 독립적인 노발리스 서정시 선집은 〈시기별 시 모음집〉 파트에 열한 개의 시를 수록해 놓았는데, 그 중 두 개는 젊은 시절의 시에 속한다. 14번 〈이방인〉, 24번 〈시〉는 그 속에 들어 있지 않다. 에른스트 하일보른은 그의 《노발리스 전집》(1901, 라이머 출판사)에서 잘 알려진 열일곱 개의 후기 시들 중에 열두 개만을 '시기별 시 모음집'이라는 제목으로 출간했다. 그러나 24번 〈시〉와 21번 〈오, 바쿠스여〉, 18번 〈마지막 사랑〉, 9번 〈조피의 생일에 부쳐〉, 10번 〈펀치를 마시며 부르는 노래〉가 '젊은 시절의 시' 항목에 들어 있고, 그 안에 3번 〈왈츠〉가 최초로 발표되었다. 하일보른은 노발리스의 성숙한 시기의 서정시의 범위를 확장해서, 1911년에 '노발리스 유고'라는 제목으로 텐슈테트-그뤼닝겐 시기의 여섯 개의 새로운 시를 발간했다[7번 〈카롤리네 유스트에게〉와 6번 〈토요일 저녁에〉, 9번 〈조피의 생일에 부쳐〉, 11번 〈카롤리네 유스트에게 보내는 대답〉, 5번 〈시작〉, 13번 〈시(GEDICHT)〉]. 미노르는 《노발리스 전집》(1907, 디더리히 출판사, 예나)에서 〈시기별 시 모음집〉 파트(1권, 121~262쪽)에 단 하나의 시만(20번 〈피곤한 이방인이 사라졌네〉)을 기부하긴 했지만, 성숙한 시기의 서정시를 젊은 시절의 시와 섞어 버렸다. 파울 클루크혼이 비로소 1929년판에서 〈시기별 시 모음집〉을 연대기 순으로 배열해서 발간했는데, 그 시기별 세 파트는 '초기 시(~1794)'와 '그뤼닝겐(1795~1797)', '성숙기(1798~1800)'로 구분되었다. 그는 처음으로 1번 〈나를 잊지 마세요!〉와 2번 〈사랑하는 여자 친구가 돌아온 것을 기념하며 부른 노래〉, 21번 〈오, 바쿠스여〉를 출간했고, 요제프 쾨르너에 의해 1916년에 재발견된 17번 〈너 자신을 알라〉를 이 모음집에 삽입했다. 이 전집에는 '시기별 시들'이라는 표제로 오직 성숙한 시기의 기회 시들만이 수집되어 있다. 이것들은 그 이전 시기의 작품들과는 대조적으로 연대기 순으로 새로 배열되었다. 젊은 시절 작품들 중에서 뽑은 시선집은 부록에 들어 있다. 카를 폰 하르덴베르크의 의도가 그것과 일치하는데, 그는 공개적으로 오버비더슈테트에서 유고로 출간되었던 포괄적인 서정시 중에서 몇몇 후기 작품들만을 출간하려고 노력했다. 그는 젊은 시절의 작품들을 별도의 서류철 속에 분류해 두었다. 시간적으로 더 세분화하게 된 것은 시 〈왈츠〉의 날짜를 새로 확정하게 되면서부터였다.

바이센펠스와 아이스레벤(1788~1790)에서 김나지움 시절 서정시를 폭발적으로 쓰던 시기가 지나자, 서정시를 쓰고자 하는 충동은 예나에서의 첫 학기(1790~1791 겨울)에 점차 약해졌고, 이후 몇 년 동안 완전히 고갈되었다. 적어도 그 뒤 3년 반이나 지나서야 새로운 발단이 시작되었다. 텐슈테트-그뤼닝겐 시기에 썼던 시들을 필체의 특성에 따라 재분류하고 나자, 노발리스의 문학적 창조력은 조피 폰 퀸과의 만남을 통해 타올랐다는 사실이 명백해졌다. 3번 시 〈왈츠〉가 들어 있는 자필 원고는 시기적으로 이 만남 직전에 쓰인 것임이 분명하다. 파울 클루크혼은 1929년판에서 이 시를 텐슈테트-그뤼닝겐 시기에 쓰였을 것이라 여겼다. 그러나 나중에 발견된 동생 카를의 편지는 그것이 법률 시험에 운 좋게 합격하고 나서 바이센펠스에서 자유롭게 생활하던 1794년 여름에 쓴 것이라는 사실을 입증해 주었다. 독일 문학 혹은 세계 문학에서 최초로 새로운 춤을 문학적으로 가공한 8행짜리 시인 〈왈츠〉는 흔들리는 4분의 3박자 리듬과, 삶의 기쁨과 우울의 혼합 속에서 로코코 문학의 최상의 컨디션－젊은 시절 서정시의 로코코와는 대조적인－을 전형적으로 또 독립적으로 묘사했다. 〈왈츠〉의 창작 시기가 비로소 이렇게 확정되었다. 그 후에 바로 마찬가지로 훌륭한 우정 시인 4번 〈아돌프 셀름니츠에게〉와 5번 〈시작〉이 이어졌는데, 이 두 시는 이제 지금까지보다 훨씬 초기의 것으로 여겨졌다.

〈시기별 시 모음집〉에는 1794년 여름 이래로 전해지던 개개의 서정시들이 수록되어 있다. 여기에는 11번 〈카롤리네 유스트에게 보내는 대답〉과 13번 〈시(GEDICHT)〉가 포함되어 있는데, 이 두 시는 1929년판에는 오직 제4권에만 수록되었다. 네 시기에 걸쳐 더 자세하게 분류된 시들은 다음과 같다. 1794년 여름의 시 세 편은 그 자체로 독립적이다. 그 뒤로 텐슈테트-그뤼닝겐 시기(1795～1797)의 열 편의 시가 이어진다. 31번 〈나는 모든 사람이 살아가는 것을 보네〉는 이 두 번째 그룹에서 탈락되었고, 그에 반해 4번 〈아돌프 셀름니츠에게〉가 이 그룹에 삽입되었다. 이렇게 시들을 시기별로 재분류해 보면, 조피와의 만남이 1795년 초기에 생겨난 다섯 편의 시들 속에 서정적으로 반영되었음이 입증되었다. 5번 〈시작〉은 이제 완전한 재해석을 필요로 한다. 작품을 이렇게 앞쪽에 배치하자, 조피의 죽음이 작품 속에 직접적으로 반영되지 않았음이 드러났다. 세 번째 그룹은 프라이베르크 시절의 시(1798~1799)인데, 그 시들은 마찬가지로 연대기적으로 구분되어 있다. 여기서는 고대의 운율, 특히 2행시가 지배적이다. 철학적인 자필시의 모음집(16번 〈2행시 1798〉)은, 미노르가 시도했던 것처럼, 논리적으로 15번 〈꽃들〉의 연작 시에 맞닿아 있다. 집중적으로 창작하던 마지막 시기에 쓰인 시들은 연작 시에 가깝게 놓여 있는 게 분명한데, 그러는 한에서 형식적인 기회 시를 새로 작품화했는지의 여부는 중요하지 않다. 이 그룹의 시작은 호라츠풍의 송가인 21번 〈오, 바쿠스여〉를 새로 창작해서 넣었는데, 그것은 1929년판에서는 분리되었다. 이 시는 프라이베르크에서 창작되었다. 파울 클루크혼이 초기 시로 분류했던 22번 〈누이 카롤리네에게 어머니의 이름으로〉는 1960년에 지금의 자리에 놓였는데, 그게 적절했는지 여부는 애매하다. 자필 시의 특성으로 보면 이 시는 1793년 작품으로 보인다. 더 많은 해석을 필요로 하는 31번 〈나는 모든 사람이 살아가는 것을 보네〉는 가장 후기에 쓰인 시인데, 이 시는 1802년 출간되면서 비로소 알려졌으므로, 시기적으로 3번 〈왈츠〉 근처에 놓여 있다.

이 〈시기별 시 모음집〉의 필사본 전승은 1929년판 이래로 눈에 띄게 개선되었다. 프랑크푸르트에서 자유 독일 대교구가 뷜로의 원고를 구입할 때 텐슈테트-그뤼닝겐 시기의 필사본들이 검토된 적이 있는데, 이 원고는 작센의 수상인 닥터 크루크 폰 니다 운트 폰 팔켄슈타인이 소유하고 있었으나 2차 세계대전을 치르는 동안 분실되었다. 다음 열다섯 편의 작품들의 텍스트는 새롭게 필사본을 그 바탕으로 삼고, 지금껏 알려져 있지 않던 이본(異本)과 변이형들을 가져올 수 있게 되었다. 그것들은 1번 〈나를 잊지 마세요!〉, 2번 〈사랑하는 여자 친구가 돌아온 것을 기념하며 부른 노래〉, 3번 〈왈츠〉, 4번 〈아돌프 셀름니츠에게〉, 5번 〈시작〉, 6번 〈토요일 저녁에〉, 7번 〈카롤리네 유스트에게〉, 9번 〈조피의 생일에 부쳐〉, 13번 〈시(GEDICHT)〉, 21번 〈오, 바쿠스여〉, 24번 〈시〉, 26번 〈초원이 푸르게 물들었네〉, 27번 〈하늘이 구름에 뒤덮였네〉, 31번 〈나는 모든 사람이 살아가는 것을 보네〉다. 초기에 이미 알려져 있던 필사본들이 다시 한번 검토되었다. 서른세 편의 작품들 중에서 단지 다섯 작품만은 그 필사본 여부가 입증되지 않았다. 그것들은 8번 〈M과 S〉과 23번 〈와인 수확에 부쳐〉(한때 하인리히 폰 클라이스트와 아담 뮐러의 소유였다), 17번 〈너 자신을 알라〉(한때 뷜로의 소유였다), 15번 〈꽃들〉와 18번 〈마지막 사랑〉이다. 우리의 텍스트는 수고를, 그리고 그 수고가 초판을 원전으로서 사용했던 게 확실한 모든 곳을 그 근거로 하고 있다. 그 이전 판의 판독 오류는 정정되었다.

2부 밤의 찬가[21)]

독일 낭만주의, 특히 초기 낭만주의는 무엇보다도 강한 종교적 성향을 띠고 있다는 데 그 결정적인 특징이 있다. 따라서 그러한 초기 낭만주의 문학의 종교적 특성을

---

21) 2부와 3부의 해설은 다음의 논문들을 참고했다.
이온화, 〈노발리스의 「Hymnen an die Nacht」 해설〉(2004).
정경량, 〈노발리스의 『밤의 찬가』와 『성가』에 나타난 종교성〉, 《독일언어문학》(1995), 목원대학교 교내 학술연구비 지원.

제대로 파악하는 것이 낭만주의 본질을 이해할 수 있는 지름길이다. 노발리스는 다른 어느 낭만주의 작가들보다도 종교적인 문제에 많은 관심을 쏟았다. 어떤 작가도 노발리스만큼 문학적인 것과 종교적인 것을 그토록 밀접하게 연결한 작가는 없다고 할 정도다. 따라서 노발리스에게 문학의 의미는 무엇인가 하는 질문은 바로 종교적, 예언적인 의미에 그 문학의 중요한 특징이 있다는 데서부터 대답을 찾아야만 할 것이다.

노발리스의 문학 작품은 약혼녀 조피가 죽은 1797년과 그가 죽은 1800년 사이 3년에 걸쳐 집필되었다.《밤의 찬가》와《성가》는 노발리스의 종교 시로서 독일 초기 낭만주의 문학의 최고봉이다. 이 두 작품은 노발리스 문학 작품 중에서 가장 종교적인 색채가 강한 것으로서 쓰인 연대가 비슷하고 문학적으로나 종교적으로 서로 밀접하게 연관되어 있다.《성가》는《밤의 찬가》와 똑같이 내적 체험에 근거를 두고 있다.《밤의 찬가》와《성가》는 내면적이고 주관적인 종교성이 그 기본 바탕을 이루고 있다.

《밤의 찬가》에서 나타나는 내면적인 세계의 의미를 바탕으로 주관적인 종교성이 나타나는 것처럼,《성가》에서는 이러한 내면적이고 주관적인 종교성을 표출하고자 특히 "마음" 혹은 "가슴" 등 인간의 주관적 감정을 상징하는 어휘와 함께 "내면"이라는 어휘가 아주 많이 사용된다. 《성가》에서는 주로 이러한 표현들을 바탕으로 내면적이고 주관적인 종교성을 나타내고 또 강조하고자 했다. 이러한 종교성은 노발리스가 영향을 받은 기독교 신비주의 및 경건주의와 관련되어 있다. 노발리스의 《밤의 찬가》와 《성가》에 나타난 종교성은 한마디로 말하면 신비주의적인 것이다. 그만큼 신비주의적 종교성이 노발리스의 종교시에 나타난 결정적인 특징이다. 노발리스 자신이 독창적인 신비주의의 원천이며, 신비주의가 그의 독자적인 본질이라고 지적할 정도다.

《밤의 찬가》는 노발리스가 자신의 낭만주의적 종교성을 유포하고자 시도한 결정적, 가장 야심에 찬 그리고 가장 성공적인 작품이었다. 이와 같은 전제에서 《밤의 찬가》는 문학 작품인 동시에 종교적인 고백으로, 그리고 동시에 정신과학적인 인식물로 보기도 한다.

노발리스는 《밤의 찬가》의 시작 부분에서 먼저 빛을 찬양하면서 빛의 세계, 낮의 세계에 대한 찬양으로 작품을 시작하지만, 이윽고 그는 어두운 밤의 세계로 방향을 돌리고, "이제 나 아래로 향해 성스럽고 형언할 수 없는 비밀스러운 밤으로 향한다"라고 말하면서 그 어두운 밤의 세계를 찬양한다. 《밤의 찬가》는 밤으로 향하는 것이 바로 인간의 내면으로 향하는 것이라는 것을 보여 준다. 작품 속에서 밤이 잠이나 꿈과 동일한 것으로 설정되는 것도 밤의 세계가 인간의 내면세계와 같다는 것을 제시해 주기 위해서다. 그러므로 순수한 내면세계에서 산다는 것과 어두운 밤의 세계에서 산다는 것은 완전히 똑같다. 《밤의 찬가》의 내용은 결국 무한한 것과 하나가 되고자 하는 인간의 노력을 서술한 것이다. 이와 같은 견지에서 《밤의 찬가》를 신비주의의 노래라고 부르기도 한다.

《밤의 찬가》에서는 실제로 노발리스가 겪은 신비적 체험이 문학적으로 형상화되어 나타난다. 〈제3찬가〉에서 시인이 애인의 죽음에 망연자실하여 처절한 고통과 좌절에 몸부림치고 있을 때 새로운 불가사의한 세계가 열리면서 다음과 같은 신비적인 체험이 서술된다.

밤의 감격, 하늘의 곤한 잠, 그대가 내게로 다가왔다. 내 주변이 천천히 솟아올랐고, 속박에서 벗어나 새로 태어난 나의 정신이 그 위로 떠올랐다. 언덕은 먼지구름으로 변했으며 나는 구름을 뚫고 연인의 변용된 용모를 보았다. 그녀의 두 눈에는 영원이 쉬고 있었다. 나는 그녀의 손을 붙잡았고, 눈물은 끊어지지 않고 반짝이는 끈이 되었다. 수천 년의 시간이 저 멀리 아래로, 폭풍우처럼 이동했다. 나는 그녀의 목을 끌어안고 새로운 삶에 겨워 황홀한 눈물을 흘렸다. 이것이 최초의 유일한 꿈이었다. 그때부터 나는 비로소 밤의 천상과 그 빛, 내 연인에 대한 변하지 않는 믿음을 느꼈다.

이 대목은 노발리스의 애인 조피가 죽은 후 1797년 5월 13일 노발리스가 그녀의 무덤에서 경험한 신비한 체험과 연관되어 있다. 노발리스는 이날 일기에 다음과 같이 적고 있다.

저녁에 조피에게 갔다. 거기에서 나는 형언할 수 없이 기뻤다. 번개처럼 황홀한 순간, 내 앞에 있는 무덤을 나는 먼지처럼 불어 버렸다. 수백 년이 한순간 같았고 그녀가 가까이 있다는 것을 느낄 수 있었다. 나는 그녀가 항상 나타나리라고 생각했다…

이처럼 노발리스가 직접 경험한 신비한 체험을 반영하고 있는 〈제3찬가〉는 전 작품의 핵심이자 중심인 것이다.

그런데 《밤의 찬가》에서 중요한 것은 이러한 신비적 체험이 기독교적인 표상으로 강하게 연결된다는 것이다. 〈제4찬가〉는 기독교의 상징인 십자가를 "우리 종족의 승리의 깃발"이라고 하는데, 무엇보다도 예수 그리스도와의 관련성이 《밤의 찬가》 전체를 관통하고 있다. 그리스도가 바로 《밤의 찬가》가 서술하는 최고의 대상인 것이다.

〈제1찬가〉에서부터 〈제4찬가〉까지가 시인의 신비적 체험을 중심으로 개인적인 종교 체험을 표출했다면, 〈제5찬가〉는 개인적 차원을 넘어서 전 인류로 확대된 종교 체험, 즉 기독교가 전 인류에게 주는 종교적 의미로서 예수 그리스도의 출연에 대해 중점적으로 서술한다. 이것은 〈제5찬가〉가 정신사적인 의미에서 기독교를 새롭게 부활시키는 데에 커다란 관심을 두고 있다는 것을 말해 준다. 〈제5찬가〉는 먼저 예수 그리스도의 탄생에 대해 다음과 같이 이야기한다.

영감에 찬 오두막의 빈곤 속에서 탄생한, 최초의 성모와 어머니의 아들은 내밀한 포옹의 무한의 열매였다. 동방을 예감하는, 꽃처럼 만발한 지혜가 새로운 시대의 시작을 최초로 알아챘다. 별 하나가 왕의 겸허한 요람에 이르는 길을 안내했다. 그들은 먼 미래의 이름으로 왕에게 자연의 가장 드높은 경이인 광채와 향유로 경의를 표했다.

이 대목은 아기 예수의 탄생을 전해 주는 성경의 내용을 그대로 인용하는 것처럼 보인다. 〈제5찬가〉는 이어서 예수의 성장과 복음 선포의 상황을 다음과 같이 기술한다.

천상의 심장은 아버지의 고귀한 얼굴을 향하고, 사랑스럽도록 진지한 어머니의 예감 가득하고 행복한 품에서 쉬면서, 전능한 사랑을 담는 꽃받침으로 고독하게 펼쳐졌다. 피어나는 어린아이의 예언적인 눈이 신격화의 열광으로 미래의 나날로 향해, 지상의 운명과 나날에는 개의치 않은 채, 사랑하는 사람들과 신족의 후손들을 바라보았다. 곧 진지한 사랑에 신비롭게 붙들린 천진한 마음들이 그의 주변으로 모여들었다. 그의 주변에서 새롭고 낯선 생명이 꽃처럼 싹텄다. 그의 친절한 입술에서는 무진한 말과 복음 들이 숭고한 정신의 불꽃처럼 쏟아져 나왔다.

〈제5찬가〉에서는 이제 어느 가인 하나가 나타나 예수

그리스도에 대해 다음과 같이 노래한다.

그대야말로 오래전부터 깊은 사고 속에서
우리 묘비들 위에 우뚝 서 있는 소년이구나.
어둠 속 위로의 징표요,
더 고귀한 인류의 기쁜 시작이구나.
깊은 슬픔 속에 우리를 빠뜨렸던 것이
지금 우리를 달콤한 동경으로 이끌어 내는구나.
죽음 속에서 영원한 삶이 알려졌으니,
그대는 죽음이요 비로소 우리를 낫게 하는구나.

여기서 보는 바와 같이 죽음 속에 영원한 삶이 공표되었다는 것, 그것은 바로 예수 그리스도의 죽음을 가리키는 것이다. 예수가 우리의 죄를 대속하기 위해 죽었으며, 그의 죽음과 부활을 통하여 우리가 영원한 삶을 누릴 수 있게 되었다는 것이 기독교의 핵심적인 복음이기 때문이다. 〈제5찬가〉는 예수의 죽음과 부활에 대해 계속해서 다음과 같이 서술하고 있다.

그는 젊은 나이에 죽었다. 그 사랑스러운 입은 형언할 수 없는 고통의 몽매한 잔을 비웠다. 끔찍한 두려움 속에 새로운 세계가 탄생할 시간이 다가왔다. 그는 오랜 죽음의 공포와 힘겹게 결투를 벌였다. 옛 세계의 압박이 그를 괴롭혔다. 친근하게 어머니를 한 번 더 바라보자 그때 영원한 사랑을 파기하는 손길이 다가왔고, 그는 영면했다. 며칠 지나지 않아, 휘몰아치는 대양, 요동치는 대지 위에 베일이 걸렸고, 사랑받던 이들은 셀 수 없는 눈물을 흘렸다. 비밀의 봉인은 풀렸으며, 천상의 정령들이 어두운 무덤으로부터 태곳적 바위를 들어 올렸다. 곤하게 잠든 이 곁에는 그의 꿈들로 부드럽게 형성된, 천사들이 앉아 있었다. 그는 새로운 신들의 장려함 속에서 깨어나 새로 태어난 세상의 꼭대기에 올랐다. 그는 황량한 굴속에 오래된 주검들을 손수 매장하고, 전능한 손으로 그 위에 어떤 힘으로도 들어 올리지 못할 바위를 올려놓았다.

이처럼 〈제5찬가〉는 예수 그리스도의 죽음과 부활의 의미를 성경의 내용과 관련지어 상세하게 서술하고 있다.

계속해서 시인은 “그대가 사랑하는 사람들은 아직도 기쁨의 눈물, 그대의 무덤에 바치는 무한한 감사와 감동의 눈물을 흘린다. 또한 그대가 기쁨에 소스라치며 부활하는 모습을, 그대와 함께 그들 자신도 부활하는 것을 본다”라

고 하면서

바위가 치워지고—
인류는 부활했다—

라고 선언한다.

결국 신비적 체험을 통하여 애인 조피와 영적으로 하나가 된 시인은 더 위대한 존재인 그리스도에게로 나아간다. 그러므로 조피는 중개자가 된 것이다. 이로써 내면적인 개인적 체험이 전 인류의 체험, 즉 세계적 사건으로 확장되었다. 그러므로 《밤의 찬가》는 이러한 과정을 통하여 개인적인 종교 체험으로, 전 인류의 세계사적 종교 체험으로 확장되는 내면적인 발전과 발전 과정을 서술한다고 보면 된다. 이런 관점에서 《밤의 찬가》의 근본 모티브가 개인적 자아로부터 기독교인 단체 체험으로 나아가는 길, 혹은 노발리스의 신화적인 표현을 빌려서 조피로부터 그리스도로 향하는 길이다.

〈제6찬가〉에는 '죽음에 대한 동경'이라는 부제가 붙어 있다. 이것은 사실상 죽음 이후의 영원한 삶에 대한 동경을 역설적으로 표현한 것이다. 시인은 "이 시간성 속에서는 결코 / 뜨거운 갈증이 풀리지 않으리. / 우리는 이 성스러운 시간을 보기 위해 /고향으로 돌아가야만 하리"라고 하면서 영원한 본향의 삶에 대한 동경을 강하게 피력한다. 그러므로 시인은 '아버지에게로, 고향으로 가자'고 말한다. 이것은 바로 하느님의 나라, 영원한 삶에 대한 강한 동경을 말하는 것이다. 시인은 이제 《밤의 찬가》 마지막 연에 다음과 같이 쓴다.

저 아래 사랑스러운 신부에게로,
사랑받는 자, 예수에게로 가자 –
사랑하는 이들, 슬퍼하는 이들에게
평화롭게 땅거미가 지네.
하나의 꿈이 우리의 속박을 부수고
아버지의 품으로 우리를 가라앉히네.

이처럼 《밤의 찬가》 맨 마지막에서는 예수가 사랑하는 애인으로 불리면서, 애인 조피와 예수 그리스도, 그리고 하느님이 하나로 연결되는 것이다.

노발리스는 처음 네 찬가에서 세속적인 것만이 의미를 지니는 빛의 세계에 가려져 있는 밤을 발견하고 밤이야말로 빛을 존재의 근원으로 한다는 것을 인식한다. 그리고 나머지 두 찬가에서 그는 인류의 역사를 종교적인 차원의 역사로 승화해 나간다. 이러한 사유의 변천 과정에서 나온 결과는 밤과 낮은 대립적인 관계에 있는 것이 아니라, 선후 관계에 있다는 것이다. 즉 낮은 밤에 의해 창조된 것으로 밤의 예속물이다. 그러므로 노발리스에게 밤은 시간과 공간을 초월하는 무(Nichts)인 것이다. 동시에 낮에 의해 나뉜 모든 것이 합일되는 절대(das Absolute)인 것이다. 이러한 의미에서 볼 때 노발리스가 《밤의 찬가》에서 찬양한 밤은 가장 근원적인 것인 동시에 모든 것을 보다 높은 차원에서 종합하는, 즉 사물의 변증법적 과정의 세 번째 단계인 합으로서의 밤이다. 그는 이 밤에 도달할 수 있는 길은 오직 죽음을 통해서만 가능하다고 보았다. 처음에는 주관적이고 개인적인 애인의 죽음을 통해서 밤에 대한 믿음을 얻은 노발리스는 죽음 그 자체로 태어나 예수의 부활을 통해 영원한 밤에 대한 인식이 이르게 된다. 또한 죽음을 통해서 애인과 예수가 일직선상에 놓이게 되고 하나로 합쳐 '아버지의 품 안'에 잠기게 된다.

3부 성가

《성가》는 1798년 이래로 분명하게 드러난 노발리스의 종교적인 태도가 표출된 작품이다. "나의 노래에 '새로운 성가집의 시도'라는 제목을 붙여 주게"라고 노발리스는 1800년 1월 31일 몇 개의 성가를 잡지 《아테네움》에 상재하려고 한 프리드리히 슐레겔에게 편지를 썼다. 그러므로 《성가》는 대부분 원래 작가의 의도로 볼 때 예술적인 서정시가 아니라, 교회에서 찬송가로 사용되도록 하기 위해 쓰인 것이다.

《성가》는 《밤의 찬가》와 비슷한 구조를 가지고 있는데, 이 작품은 크게 두 부분으로 나뉜다. 시인이 보다 높은 세계에 대한 인식을 하게 되는 기독교 종교적 각성을 서술하는 부분과 선교적, 사도적으로 이러한 인식을 기독교인 단체와 친숙하게 하도록 하려는 부분이 그것이다.

그런데 《성가》 전체를 놓고 볼 때는 무엇보다도 예수 그리스도가 작품의 중심을 이루고 있다. 〈제1성가〉의 첫 행에서 "당신이 없었다면 제가 무엇이었을까요?"라고 하면서, 예수 그리스도가 시인에게 얼마나 중요한 의미를 지니고 있는가를 먼저 보여 준다. 이어 "그분과 더불어 비로

소 저는 인간이 되었"다고 시인은 고백한다. 이처럼 예수 그리스도를 통하여 신앙적 확신을 갖게 된 시인은

천상은 지상 위 우리에게 있고,
믿음 속에서 우리는 천상을 직관하리.

라고 말한다. 이것은 이 지상에서 이미 천국과 영원한 삶을 성취하고자 하는 신비주의적 표상을 드러낸 것이다. 이와 같은 신비주의적 표상은 〈제1성가〉 끝부분에서 다음과 같이 예수 그리스도와 연결되면서 보다 더 구체적으로 나타난다.

그때 구세주요, 해방자요,
사랑과 능력으로 충만한 인간의 아들이 와서
우리의 마음속에 한껏 생기를 주는
불을 피워 올렸노라.
비로소 우리는 우리의 옛 아버지의 나라인,
천상이 열려 있음을 보았고,
우리는 믿음과 희망을 바랄 수 있었고,
우리가 하느님과 비슷하다는 것을 느꼈노라.

여기서 시인은 예수 그리스도를 구세주로 고백하면서 그리스도를 통하여 비로소 우리가 천국을 얻게 되고, 우리가 하느님과 같은 동류의 신적인 존재가 되었다는 것을 말하고 있다. 이것은 바로 기독교 신비주의적인 생각이다. 인간 안에 하느님과 같은 신적인 존재, 신적인 속성이 있다고 보는 것이 기독교 신비주의, 기독교적인 사상이기 때문이다. 이러한 기독교 신비주의 사상은 〈제2성가〉에서도 "그녀는 이제 우리 것이 되었"다며 강조되고 있다. 이처럼 인간이, 절대자인 신 혹은 신성과 동일한 속성을 지니고 있다고 생각하는 신비주의적 사상은 무엇보다도 신이나 절대자를 개인적으로 체험하는 심미적 체험에 그 근거를 두고 있다. 〈제4성가〉의 첫 연을 보자.

내가 삶에서 발견했던
그 수많은 즐거운 시간 중에서
유일한 순간이 내게 충실하게 남아 있노라.
그 순간은 수많은 고통 속에서
누가 우리를 위해 죽었는지를
내가 마음속에서 경험하는 시간이었노라.

여기서 시인은 예수 그리스도의 죽음의 의미를 기독교 신앙적 차원에서 깊이 깨닫고 체험했다는 것을 보여 준다. 《성가》 중에서 아주 아름다운 시로 알려진 〈제5성가〉에서 예수 그리스도에 대한 간절한 신뢰와 믿음을 다음과 같이 표현한다.

내게 오직 그분만 있다면,
그분이 오직 나의 것이라면,
내 마음이 무덤에 갈 때까지
그분의 신의를 결코 잊지 않는다면,
나는 고통에 대해 아무것도 모른 채
추억과 사랑, 기쁨만을 느끼리라.

내게 오직 그분만 있다면,
내 모든 것을 기꺼이 내버려두고,
내 여행 지팡이를 따라
오직 성실하게 내 주님만 생각하리.
다른 이들로 하여금 조용히
넓고 밝고 충만한 길을 가도록 하리라.

여기서 시인은 오직 예수님과 함께하는 삶의 환희를 드러내고 있다. 또한 예수 그리스도를 주님으로 고백하면서, 예수 그리스도에 대한 독실한 믿음만이 가장 가치 있고 소중한 것이라는 것을 성경에 나오는 '좁은 길'과 관련지어 강조한다. 시인은 계속하여 "내게 오직 그분만 있다면 / 나 역시 세상을 가지리니"라고 말한다.

〈제6성가〉에서도 시인은 "설령 모든 사람이 당신을 저버릴지라도 / 저만은 당신에게 충실하리니"라고 하면서 예수에 대한 신실한 믿음을 표출한다. 아울러 시인은

저는 당신을 느껴 왔나니
오! 저에게서 떠나지 말아 주소서.
저를 마음속으로 연결되게 하셔서
영원히 당신과 함께 있게 해 주시옵소서.

라고 하면서 예수 그리스도와 영원한 결합을 열망한다.

이러한 예수 그리스도와의 합일이 〈제7성가〉에서는 최후의 만찬의 종교적 의미와 연결되어 나타난다. 시인은 "최후의 만찬의 / 신적인 의미는 / 지상의 감각을 지닌 것

들에겐 수수께끼이리라"라고 하면서, 그러나

그 깊이를 알 수 없는 천상의 심연을
측정할 수 있는 눈이
열린 사람은
그분의 육체를 먹고
그분의 피를 마시리라,
영원히.

라고 말한다. 최후의 만찬은 예수 그리스도와 하나가 되는, 기독교의 상징적 의식이다. 시인은 이처럼 예수 그리스도와 하나로 결합되게 하는 최후의 만찬의 신비적 의미를 지적하면서, "언젠가는 모든 육체는 / 하나의 육체가 되리라"라고 선포한다. 여기에는 영혼과 육체마저도 대립적인 것으로 구분하지 않고, 전체적으로 통일된 신비적 합의를 지향하는 시인의 강렬한 의도가 나타나 있다.

이처럼 예수 그리스도에 대한 신앙적 확신 및 예수 그리스도와 신비적 결합을 바탕으로 이제 시인은 〈제8성가〉에서 "만약 그들이 그분의 사랑을 알았다면 / 모든 사람들은 기독교인이 될 것이며, / 모든 다른 것을 그대로 내버려둘 텐데. / 모든 그들이 오직 그 유일자만을 사랑하고 / 모든 이들 나와 함께 울며 / 슬픈 고통 속에 스러질 텐데"라고 말한다. 〈제9성가〉에서도 시인은 "그분이 살아 있으며 또 부활했다는 것을, /그리고 그분이 우리 가운데 거동하여 / 영원히 우리 곁에 존재하심을 / 나는 모든 자들에게 말하노라" 그리고 "그분의 충고에 귀를 기울이는 자만이 / / 아버지의 집으로 들어가리라"라고 하면서, "모든 것이 우리를 떠난다 해도 / 그분은 살아 우리 곁에 있게 되리니!"라고 다시 한번 예수가 부활했다는 것과 예수가 영원히 우리와 함께 있다는 것을 강조한다.

또한 〈제11성가〉에서 시인은 "그들은 언제나 자신을 영리한 자라 칭하면서도 / 이러한 보고를 정녕 알지 못하도다"라고 예수 그리스도를 환기하면서, 예수를 모르는 사람들에게 예수의 탄생, 고난, 우리를 향한 그의 사랑과 대속적인 죽음, 그리고 부활하여 우리에게 영원한 천국의 삶을 선사한 그리스도에 대해서 서술한다. 이처럼 《성가》는 신비주의적 관점에서 예수 그리스도를 인식하고 그를 바탕으로 기독교 신앙을 강조하려는 종교적 열망을 표출하고 있는 것이다.

노발리스는 경건주의 기독교로부터 강한 영향을 받았

기 때문에 그의 종교 시 《밤의 찬가》와 《성가》에는 경건주의적 종교성이 강하게 나타난다. 경건주의는 17세기 후반과 18세기 초 사이에 일어난 기독교적 각성 운동으로서, 중세 기독교 신비주의가 개신교 안에서 다시 부활한 종교 운동이다. 따라서 경건주의는 무엇보다도 기독교적 기독교, 신비주의적인 요소가 많이 나타난다.

경건주의는 신비주의와 마찬가지로 개인적인 종교 체험을 중요시한다. 그러므로 경건주의적 종교성은 내면적이고 주관적인 성격을 띤다. 《밤의 찬가》와 《성가》에 나타난 내면적이고 주관적인 종교성은 바로 이 경건주의 기독교로부터 받은 영향이기도 하다.

《밤의 찬가》는 신비적인, 종교적 체험을 통하여 기독교 신앙의 의미를 내면적으로 깨닫게 되어, 예수 그리스도를 구세주로 영접하고, 삶의 의미와 방향이 종교적으로 새롭게 변화된 상황을 보여 주는 것이다. 이와 마찬가지로 《성가》 역시 예수 그리스도를 통하여 새롭게 각성한 시인의 종교적 태도를 표출한다. 시인은 그런 내면적, 종교적 바탕으로 이제 "그분과 더불어 새로운 피와 생명이 / 그대의 죽어 버린 사지로 흘러들었으리라"라고 〈제3성가〉에서 말한다. 〈제9성가〉에서도 시인은 예수 그리스도로 인

하여 새로운 천국이 열리게 되었다고 하면서

이제 세계는 아버지의 나라처럼
비로소 새로운 의미로 나타나노니,
우리는 그분의 손에 매혹되어
새로운 삶을 영위하노라.

라고 천명한다. 이처럼 《밤의 찬가》와 《성가》에서 시인은 신비적이고 경건주의적인 종교적 체험을 통하여 심령이 새롭게 변화된 상태를 강하게 나타낸다.

한편 경건주의는 신앙적인 차원에서 어린아이와 같이 단순하고 소박한 심령의 상태를 중요시하는데, 〈제1성가〉에서 시인은 "그분의 수천 가지 선물의 보답으로 / 저는 그분의 겸손한 아이로 남"겠다고 다짐한다. 또한 〈제14성가〉에서도 시인은 성모 마리아를 향하여 다음과 같이 간구한다.

어린아이가 당신의 얼굴을 바라보도록 허락받고,
당신의 도움을 굳게 신뢰한다면,
정녕 나이의 구속을 풀어 주시고,

저를 당신의 자녀로 삼으시길.
어린아이의 사랑과 어린아이의 충실함이
저 황금시대로부터 이제 제 곁에 있게 하소서.

이처럼 《성가》에서 시인은 예수 그리스도와 성모 마리아를 어린아이와 같이 소박하고 신실한 심령의 상태로 따르겠다는 경건주의적인 신앙적인 태도를 표출하고 있는 것이다.

한편 경건주의는 신비주의적인 성격으로 말미암아 교파를 초월하여 초교파적 교회 일치 운동을 추구했다. 초기 낭만주의자들 중에서도 특히 노발리스는 유럽의 기독교 가톨릭과 개신교 두 패로 나뉜 것에 대해 대단히 안타까워했다. 《밤의 찬가》 중 〈제5찬가〉에서도 성모 마리아의 대해 언급하는 대목이 나오지만, 〈제14찬가〉, 〈제15찬가〉는 그야말로 성모 마리아를 향하여 부른 노래다. 〈제15찬가〉를 한번 살펴보자.

사랑스럽게 표현된 마리아시여,
저는 당신을 수천 개의 그림 속에서 보나니,
그러나 그 어떤 그림도 당신을

제 영혼이 당신을 바라보는 것처럼 묘사하지 못하지요.

그 이래로 세계의 혼란이
하나의 꿈처럼 제게서 사라지고,
그리고 정녕 이름할 수 없는 달콤한 천상이
영원히 내 정서(情緖) 속에 있음을 알고 있을 뿐이지요.

이 시에는 성모 마리아를 영적으로 바라보면서 말로 표현할 수 없는 지고한 종교적 행복감을 느끼는 시인의 심경이 참으로 아름답게 서술되어 있다.

성모 마리아와 관련되어 노발리스의 종교성이 가톨릭적이냐, 아니면 개신교적이냐 하는 문제는 아직까지도 논란이 계속되고 있다. 그러나 이 성모 마리아를 노래하는 노발리스의 종교 시는 어디까지나 개신교도인 노발리스가 경건주의적인 차원에서 초교파적인 종교성을 나타내고자 한 데서 나온 것으로 보아야 할 것이다.

노발리스는 분류되지 않은 전체적, 통일적 세계관을 꿈꿨는데 종교적으로도 기독교 신비주의적인 사상을 바탕으로 하여, 나와 너, 인간과 신이 따로 분리되지 않고 하나가 되는 신비적 합일 상태를 동경했다. 그리하여 《밤의 찬가》와 《성가》에서는 사랑하는 사람과 내가, 예수 그리스도와 내가 하나가 되는 신비적 합일 상태가 묘사되며, 이를 통하여 신적인 절대적인 초월적인 세계, 하느님 아버지 세계로 환원되는 종교적 상황이 서술되고 있는 것이다.

*

석사 논문을 쓸 때부터 노발리스의 《푸른 꽃》과 《자이스의 제자들》, 또 그의 시기별 시와 《밤의 찬가》, 《성가》에 대한 관심은 식을 줄 몰랐다. 문제는 작품들의 난도였다. 《푸른 꽃》(푸른씨앗, 2023)과 《자이스의 제자들》(지식을만드는지식, 2024)의 번역을 끝낸 뒤, 이제 나머지 세 작품을 묶어 발간하고자 하니 지나간 세월의 감회가 새롭다. 그간 훌륭하게 수 권의 책을 편집해 준 지식을만드는지식 편집부에도 다시 감사드린다. 건강하게 열심히 일하는 아들이 있고, 또 100세를 바라보시는 아버지께서 계신 덕분에 이번 생 잘 버티고 있다. 오랜 시간 매달렸던 번역을 끝내는 이 시간을 아내와 함께하고 싶다.

2025년 여름

30년간 살던 내손동을 떠나며

지은이에 대해

독일의 정신사에서 중세에서 근세로 넘어가는 과정의 결정적인 특징은 전체와 집단을 중시하는 것으로부터 인간 개개인이 주체, 즉 개인이 중시되는 개인화 및 개인주의적 방향으로 나갔다는 데 있다. 기독교 종교사적으로 볼 때도 마르틴 루터에 의한 종교개혁은 신앙적인 면에서 개인의 의미를 크게 강조함으로써 신과 성도가 직접적으로 교제하는 개인적 신앙을 중요시하는 방향으로 나아갔다.

데카르트로부터 시작하는 서양의 근대 철학은 인간의 자아에 대한 인식의 성찰이었다. 독일의 관념 철학 역시 인간 개체의 철학적, 정신적 가능성에 대한 탐구의 과정이었다. 이러한 개인주의적 근대화의 의미가 최고조에 달했던 시점이 바로 독일 초기 낭만주의였다. 따라서 독일 초기 낭만주의는 그런 관점에서 인간 개인의 존재 가능성에 대한 문학적, 철학적, 종교적 시도였던 것이다. 이러한 인간 존재의 궁극적 가능성을 낭만주의자들은 무엇보다도 인간의 내면세계에서 추구했다. 이러한 내면세계가 노발리스 사상의 결정적인 특징이라고 할 수 있다. "내면으로 향하는 길은 신비의 가득 찬 길"이라고 노발리스는 말한 바 있다. 피히테의 자아 철학과 연관되어 있는 노발리스의 내면세계는 그만큼 주관적이고 신비주의적인 특성을 지니고 있다.

노발리스는 법학도이자 자연과학자이며, 철학도였다. 염전 관청의 관리인이기도 했다. 그는 이렇게 일상적인 생활의 한가운데서 의무에 충실하면서도 비일상적인 업무를 추진해 나갔다. 동시에 그는 완전히 정신과 동경이라는 내면적 세계 속에 살았다. 이미 젊은 시절부터 시를 써 오던 노발리스는 어린 약혼녀인 조피 폰 퀸의 죽음을 통해 진정한 시인으로 성숙하게 된다. 조피의 무덤에서 죽은 연인을 만나는 신비한 체험을 하고 나서 지상적인 장벽을 넘어 그녀와 하나가 되었다고 느낀 그는 동시에 두 세계에 살았다. 직업을 갖고, 또 새 연인인 율리에 폰 카르펜티어와의 사랑에 걸맞은 인간으로서 이편 세상에 살고 있는 동시에, 또 하나의 저편 세상에, 즉 조피가 속해 있고, 고향을 의미하며, 마법적인 힘으로 끌어당기는 세상에 살고 있었다. 죽은 연인과 하나 되는 체험으로부터 자라나 그가 작가로서 남겨 놓은 작품이 《푸른 꽃(Die blaue Blume)》과 《자이스의 제자들(Die Lehringe zu Sais)》, 《밤의 찬가(Hymnen an die Nacht)》, 《성가(Geistlicher Lieder)》다. 대표작인 《푸른 꽃》은 원래 부제이고, 원제는 '하인리히 폰 오프터딩겐(Heinrich von Ofterdingen)'이다.

노발리스의 본명은 게오르크 필리프 프리드리히 폰 하르덴베르크로, 필명인 노발리스(Novalis)는 '새로운 땅을 개척하는 자'라는 뜻이다. 노발리스는 앞 음절을 강하게 읽었다고 한다. 어린 괴테라고 불릴 정도였던 그는 분명 낭만주의의 모든 소설처럼 《빌헬름 마이스터의 수업 시대》에서 많은 것을 배웠다. 그러나 당시 엄청난 반향을 불러일으켰던 《빌헬름 마이스터의 수업 시대》를 비판하며 《푸른 꽃》을 썼고, 나름 새로운 문학의 영토인 낭만주의 문학을 번성시켰다. 《푸른 꽃》은 독일 소설사에서 유일무이한 위치를 차지할 정도로 큰 영향을 지니게 되었다. 아쉽게도 28세라는 어린 나이에 일찍 세상을 떠난 노발리스는 독일 문학에서 일찍부터 원숙한 경지에 이른 촉망받는 인물들 중 한 사람이다.

노발리스는 그의 사후 독일 문화권에서는 별로 영향을

나타내지 못했지만 프랑스 상징주의에 영향을 주어 현대 시의 기반을 형성하게 되었다. 노발리스가 다시 독일에서 새로운 각도에서 연구되기 시작하는 것은 1950년대에 이르러서다. 그때부터 노발리스는 현대 예술과 문학의 선구자로 해석되기 시작했다. 또한 그의 영향력이 토마스 만, 호프만슈탈, 무질, 고트프리트 벤까지 이르고 있다는 것도 부인할 수 없다. 벤이 죽기 얼마 전에 자신에게 횔덜린보다 노발리스가 훨씬 더 중요한 영향을 미쳤다고 말한 것을 볼 때, 노발리스에 대한 연구는 현대 시를 이해하는 전제 조건이라 하지 않을 수 없다.

지은이 연보

1772년 5월 오버비더슈테트에서 하르덴베르크 가문의 장남으로 태어난다. 노발리스(Novalis)는 필명으로 본명은 게오르크 필리프 프리드리히 폰 하르덴베르크다. 손위 누이는 카롤리네이고, 아홉 명의 동생들은 1797년부터 1816년에 걸쳐 모두 사망했다.

1788년 첫 시를 쓴다.

1789년 시와 산문 등을 번역한다.

1790년 아이스레벤 루터 김나지움에 다닌다. 예나 대학교에 등록한다.

1791년 실러와 만난다. 첫 작품인 시 〈어떤 젊은이의 비탄〉을 잡지 《신독일 메르쿠어》에 발표한다. 라이프치히 대학교에 등록한다.

1792년 프리드리히 슐레겔과 라이프치히에서 처음 만난다.

1793년 비텐베르크 대학교로 학적을 옮긴다.

1794년 비텐베르크 대학교에서 법률 시험을 치른다. 바이센펠스에서 머문다. 텐슈테트 마을로 이주하고, 그곳에서 행정 서기로 발령을 받는다. 텐슈테트 근교의 그뤼닝겐에서 조피 폰 퀸과 처음으로 만난다.

1795년 조피와 비공식적으로 약혼한다. 피히테와 횔덜린을 예나에서 만난다. 피히테 철학을 연구하기 시작한다. 조피가 발병한다. 바이센펠스 군청의 시보로 임명된다.

1796년 바이센펠스에서 일을 시작한다. 프리드리히 폰 슐레겔이 바이센펠스를 방문한다. 그 뒤로 예나와 바이센펠스를 오가며 슐레겔과 만남을 이어 간다.

1797년 3월 조피가 사망한다. 라이프치히에서 자연철학자 셸링을 만난다. 헴스테르휴이스를 연구하기 시작한다. 프라이베르크 광산학 대학교에서 공부를 시작한다.

1798년 〈이방인〉을 쓴다. 바이마르에서 아우구스트 슐레겔과 괴테를 만난다. 예나에서 실러를 만난다. 《아테네움》지에 노발리스라는 필명으로 〈꽃가루〉를 발표한다. 《자이스의 제자들》의 집필을 시작한다. 《신앙과 사랑》을 발표한다. 낭만주의 철학과 시에 대한 단편적인 글들을 발표한다. 자연과학 공부를 시작한다. 테플리츠에 요양차 머문다. 장 파울과 만난다. 율리에 폰 카르펜티어와 약혼한다.

1799년 바이센펠스로 돌아온다. 예나에서 루트비히 티크와 처음으로 만난다. 바이마르에서 괴테를 두 번째로 만난다. 《성가》 집필을 시작하고 발표한다. 슐라이어마허의 《종교에 대하여》를 연구한다. 《기독교 혹은 유럽》을 집필하기 시작한다. 예나에서 슐레겔 형제, 티크, 셸링 등의 낭만주의자들과 만난다. 《푸른 꽃》을 집필하기 시작한다.

1800년 《밤의 찬가》 초고를 완성한다. 야코프 뵈메의 저서들을 본격적으로 연구하기 시작한다. 바이센펠스에서 티크와 만난다. 라이프치히 등 여러 지역에서 지질 조사를 한다. 《푸른 꽃》과 시 작품을 계속 쓴다. 시 〈사자(死者)의 노래〉를 완성한다. 《밤의 찬가》가 《아테네움》지에 실린다. 건강이 악화된다.

1801년 드레스덴에서 바이센펠스로 돌아온다.

프리드리히 폰 슐레겔이 바이센펠스로 찾아온다.

3월 25일 세상을 뜬다.

1802년 《푸른 꽃》이 출간된다.

옮긴이에 대해

이용준은 한국외국어대학교 및 대학원에서 독일어를 전공하고, 석사 논문으로 〈노발리스의 푸른 꽃에 나타난 환상과 현실〉을 썼다. 독일어 학습서 《DAD 1~3》을 출판했다. 2014년 심훈문학상과 계간 아시아 신인문학상을 수상하고, 계간 《아시아》 통권 36호에 중편 〈붕어찜 레시피〉를 발표하면서 작품 활동을 시작했다. 장편소설로는 《피시스케이프》, 창작집으로는 《붕어찜 레시피》가 있고, 현재 중앙대학교 예술대학원 문예창작 전문가 과정에 출강하고 있다. 중편소설 〈섬〉으로 2025년 경기예술지원 공모에 선정되었다.

대학원 재학 중 노발리스를 접한 이후 계속 낭만주의자들에 대한 관심을 기울여 왔다. 번역서로는 《독일 낭만주의 이념(Das Ideengut der deutscher Romantik)》과 《독일의 질풍노도(The German Sturm und Drang)》, 《푸른 꽃》, 《자이스의 제자들》이 있다. 《독일 낭만주의 이념》과 《독일의 질풍노도》는 18세기 중후반부터 19세기 중반

까지의 독일 문학을 집약적으로 소개해 준다. 전자는 노발리스를 중심으로, 후자는 괴테를 중심으로 서술되어 있는데, 독일의 질풍노도와 낭만주의를 상술하고 있는 필수 도서다. 《푸른 꽃》은 독일 낭만주의를 대표하는 소설이다. 그 외 일본의 아이누 민족의 신화적 서사집인 《아이누 신요집》(공저), 아이누 신화를 집대성한 《아이누 서사시 1, 2》(공저)를 번역했다.

노발리스 시선

지은이 노발리스
옮긴이 이용준
펴낸이 박영률

초판 1쇄 펴낸날 2025년 8월 18일

커뮤니케이션북스(주)
출판등록 2007년 8월 17일 제313-2007-000166호
02880 서울시 성북구 성북로 5-11
전화 (02) 7474 001, 팩스 (02) 736 5047
전자우편 commbooks@commbooks.com
홈페이지 www.commbooks.com

지식을만드는지식은
커뮤니케이션북스(주)의 고전 출판 브랜드입니다.

ISBN 979-11-430-0958-6 03850

책값은 뒤표지에 있습니다.